お菓子なカードを作りましょう！

おいしいカード作りの秘密を
あなたに…

黒須和清／著

しかけのあるカードってむずかしい？
いいえ、そんなことはありません。
基本の10種をおぼえればOK！
カードのパティシエ特製の
おいしそうなお菓子カードで
わかりやすく解説します。

12か月のお誕生会に合わせた
「和菓子カード」もご紹介。
お急ぎの人に、とてもべんりな
「行事別さくいん」そして
コピーして使える「型紙」つき！

パティシエ
黒須和清

アシスタント
UFOちゃん

すずき出版

お菓子なカード MENU

1. **まきまきリーフクレープ**〔遠足　夏休み〕p.4-5 ……… **作り方** p.26-27
2. **のびのびクッキー**〔運動会　入園式　母の日　七夕会〕p.6-7 ……… **作り方** p.28-29
3. **とびだすパフェ**〔運動会　クリスマス　花まつり　入園式〕p.8-9 … **作り方** p.30-31
4. **ポップアップキャンディー**
   〔お泊まり保育　母の日　サッカー大会　もちつき大会〕p.10-11 ……… **作り方** p.32-33
5. **ひょっこりプチケーキ**〔遠足　卒園式　お月見会　ひなまつり〕p.12-13 … **作り方** p.34-35
6. **ラブラブチョコレター**
   〔豆まき会　参観日　敬老の日　母の日　父の日　バレンタインデー〕p.14-15 …… **作り方** p.36-37
7. **ジャンボデコレーション**〔プール開き　運動会　発表会　皆勤賞　父の日
   　　　母の日　敬老の日　バレンタインデー〕p.16-17 ……… **作り方** p.38-39
8. **パタパタどうぶつパイ**〔お楽しみ会　誕生会〕p.18-19 ……… **作り方** p.40-41
9. **へんしん六角タルト**〔お楽しみ会　誕生会〕p.20-21 ……… **作り方** p.42-43
10. **天使と悪魔のビスキーサンド**〔お楽しみ会　誕生会〕p.22-23 ……… **作り方** p.44-45

プレゼントにそえる **おめでとう・ありがとうカード** …………… p.24

- ❖ 花たばカード〔いろいろなお祝いに〕…………… 作り方 p.46
- ❖ カーネーションカード〔母の日〕…………… 作り方 p.47
- ❖ ネクタイカード〔父の日〕…………… 作り方 p.47
- ❖ かたたたきカード〔敬老の日〕…………… 作り方 p.48
- ❖ ゴールデンスニーカー〔皆勤賞　運動会〕…………… 作り方 p.48
- ❖ クリスマスブーツ〔クリスマス〕…………… 作り方 p.49

丸い紙で作る **お誕生日の和菓子カード**／写真▶裏表紙……作り方 p.50-55

カードのパティシエからのアドバイス …………… p.25

型紙 …………… p.56-61

行事別さくいん …………… p.62

あとがき〜お菓子なカードは「おいしい」カード …………… p.63

1. まきまき リーフクレープ

くるくる まきものカードです

細長い三角形をまきまきしたら
はっぱの形のリーフクレープ。
昔の手紙は巻紙(まきがみ)に書いたけど
これは巻紙の今風デザイン。
クロワッサンやロールパンも
三角形のパン生地をまいて作るって
知ってた？
四角のオビを三角にまけば
おにぎりだって作れるんだ。

まきまきリーフクレープ
バリエーション

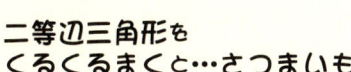

作り方 p.26-27

いもほり遠足カード

二等辺三角形を
くるくるまくと…さつまいも

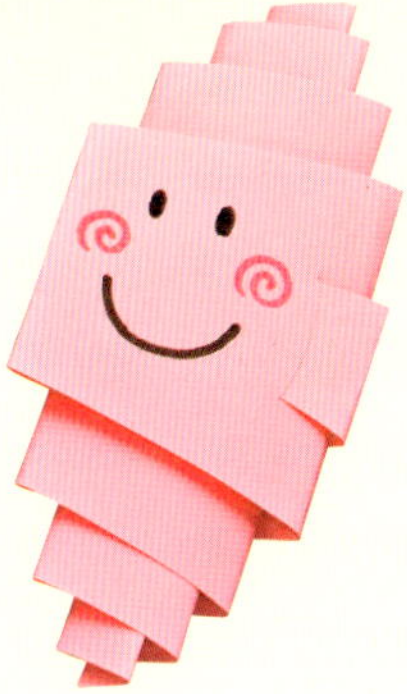

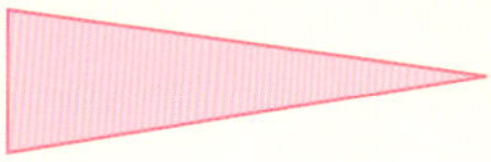

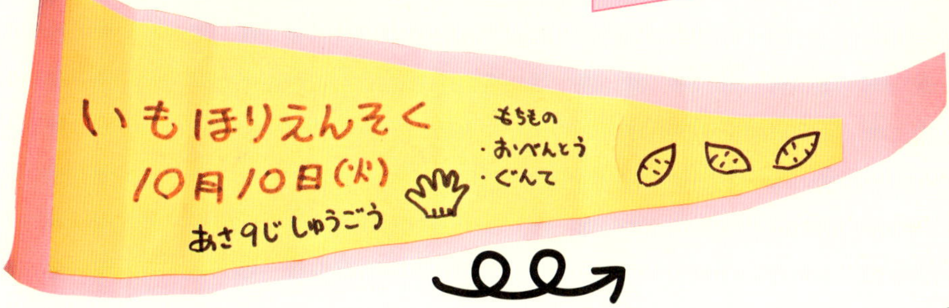

いもほりえんそく
10月10日(火)
あさ9じ しゅうごう
もちもの
・おべんとう
・ぐんて

型紙つき p.56

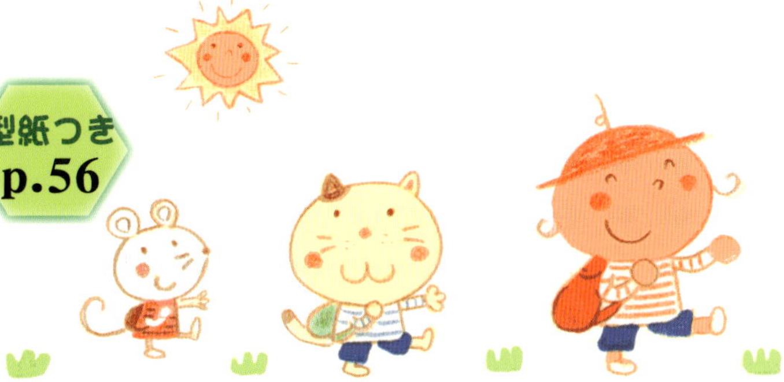

遠足カード

斜めに
まいていくと…
あっ！
おにぎりに
なっちゃった！

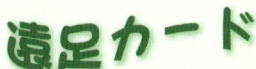

あれ？おにぎりは？
しーらない！

ごおる
おべんとう たべよう！
さくら山こうえん
かっぱいけ
がんばってあるこうね
すたあと
あさ8じはん
園に集合!
4がつ20か
(水)雨天順延
はるの
えんそくの
おしらせ

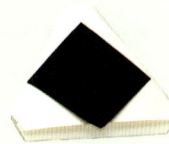

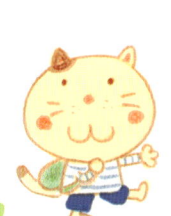

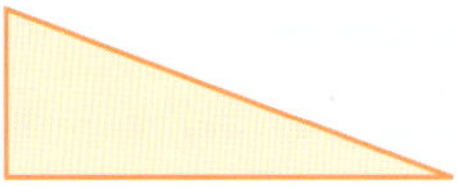

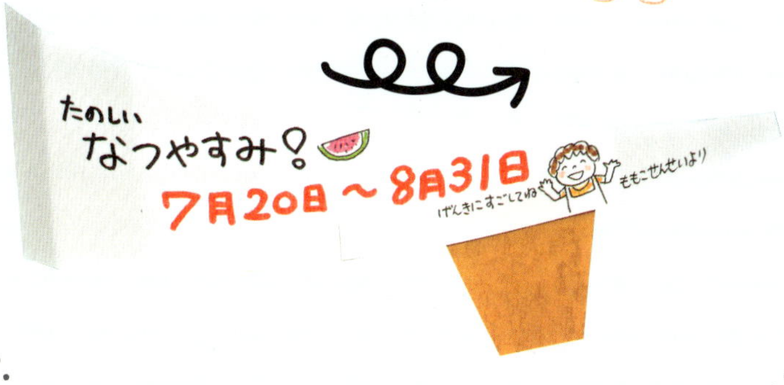

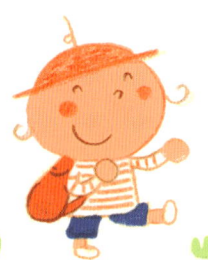

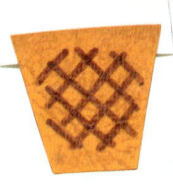

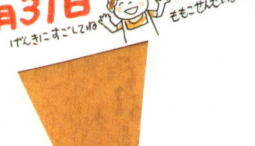

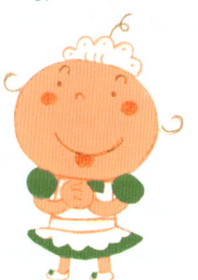

こんな風に
地図を描いても
おもしろいよ！

夏休みカード

直角三角形を
くるくるまくと
まき貝の形。
コーンをつければ
ソフトクリームに！

おいしそう～！

たのしい
なつやすみ！
7月20日～8月31日
げんきにすごしてね
ももこせんせいより

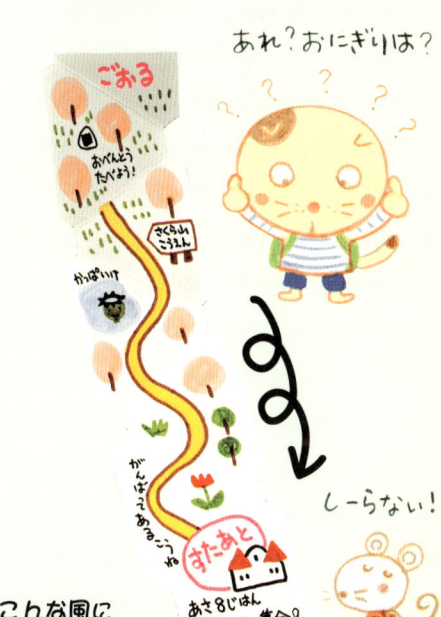

② のびのび クッキー

じゃばらの 折りたたみ式カードです

ながーい紙をジグザグに折りたたむ。
ヘビのおなかに似てるから
「蛇腹折り」って言うんだけど
もっとかわいい呼び方をしたいね…
パイ生地を何度もたたんで作るミルフィーユ
それをクッキー型で抜いたら
こんなお菓子ができるかも。だから
「ミルフィーユ折り」って呼ぼうかな。

ふーん！

③ とびだすパフェ

絵が立ち上がる とびだすカードです

開くと中から何かが立ち上がる
「とびだすカード」って知ってるよね。
このパフェのしくみが、その基本中の基本。
もりつけのルールは、奥のパフェが一番高く
手前になるほど低くなること。
それから
「天にV（ブイ）」という秘伝の合い言葉も教えよう。
くわしくは作り方のページでね。

とびだしたー！

とびだすパフェ
バリエーション

作り方
p.30-31

運動会カード
1つとびだす シンプルタイプ

クリスマスカード
2つとびだす ダブルタイプ

花まつりカード

3つもとびだすトリプルタイプ

入園式カード

※花まつり
おしゃかさまの
誕生日を祝います。

4 ポップアップキャンディー

外に飾りがとびだすカードです

かわいいキャンディーが
ピョコッとカードの外にとびだすよ。
大きなものがとびだすのもびっくりだけど
こんな小さいものもかわいいね。
カードのふちを折るだけで
パフェ（p.8）と同じ
「天にV」のしかけができる
スピードクッキング！
少し斜めに立つのも特徴なんだ。

ポップアップキャンディー バリエーション

作り方 p.32-33

お泊まり保育カード

かわいいお花がポップアップ

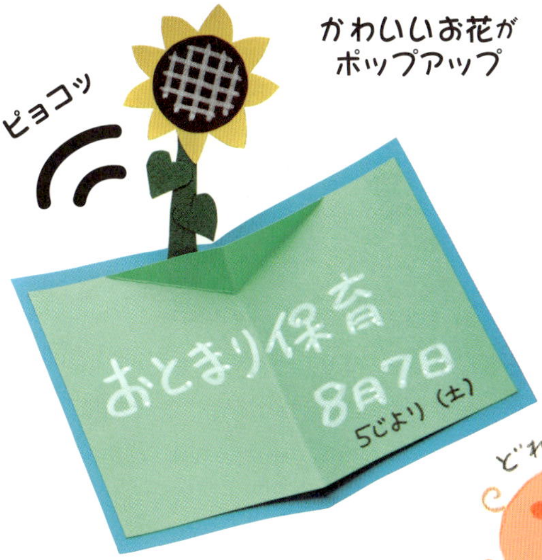

母の日カード

カードを縦長にすると長いものがポップアップ

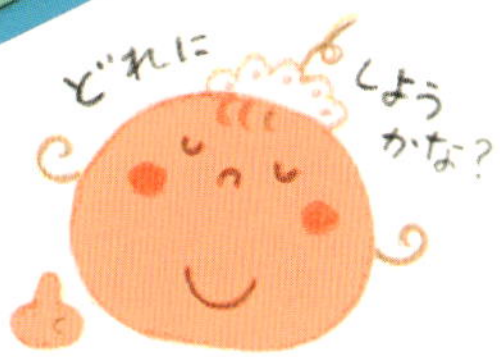

サッカー大会カード

ささえを透明のプラスチックにすると、ボールが飛んでいるみたい！

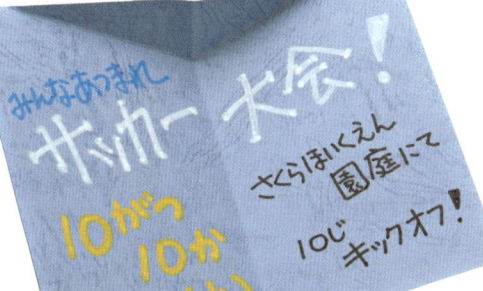

もちつき大会カード

やわらかい和紙でおもちを作りました

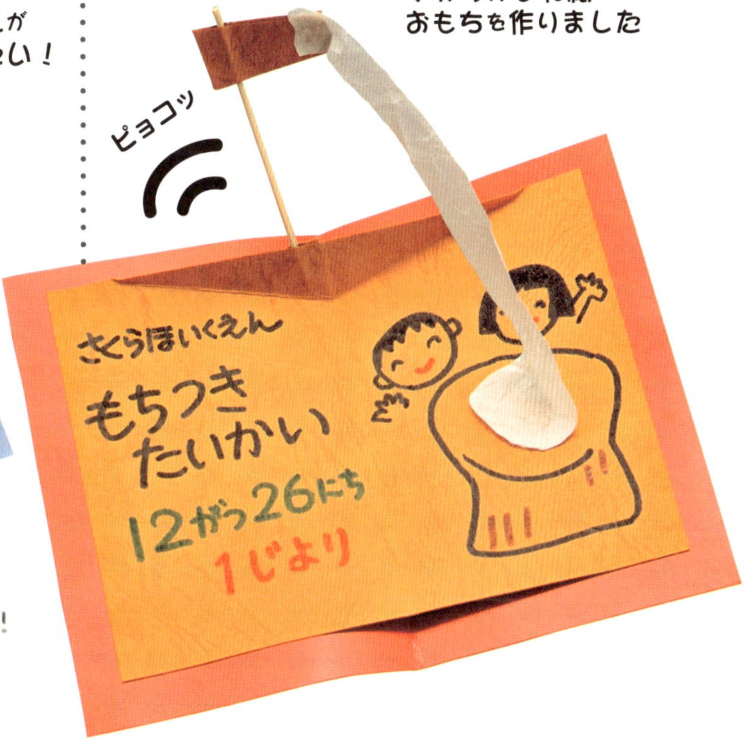

5 ひょっこりプチケーキ

箱が出っぱるカードです

キャラメルの外箱って
ペタンとたためるよね。
その箱がカードの中に入ってるようなのが
このしくみ。だから開くと
箱型がひょっこりとびだすわけ。
箱の上にもう1つの箱、箱の前にもう1つの箱、
積み木を重ねたみたいに
いろいろなバリエーションもOK
切り込みを入れるだけでできる
四角いプチケーキ！

おいしそう♥

ひょっこりプチケーキ バリエーション

卒園式カード
上にもう1つとびだしているね

作り方 p.34-35

バス遠足カード
箱が1つだけとびだしているよ

お月見会カード

型紙つき p.58-60

ひなまつりカード

上に2つ、前に1つとびだしているのがわかるかな？

3つとびだして、こんな階段もできる！

6 ラブラブチョコレター

両手を広げるカードです

両手を広げて「アイラブユー♥」
そんな形に開くラブレターはいかが？
写真左のたたんだカードが
右のように大きく開くからびっくり！
愛の告白はインパクトが大事。
少し大きめに作る方が
びっくり度も倍増だよ。
バレンタインデーに向けて
作ってみてはいかが？

ラブラブチョコレター
バリエーション

豆まき会カード

みんなで
いっしょに

まめまき会
2月3日(バ〜

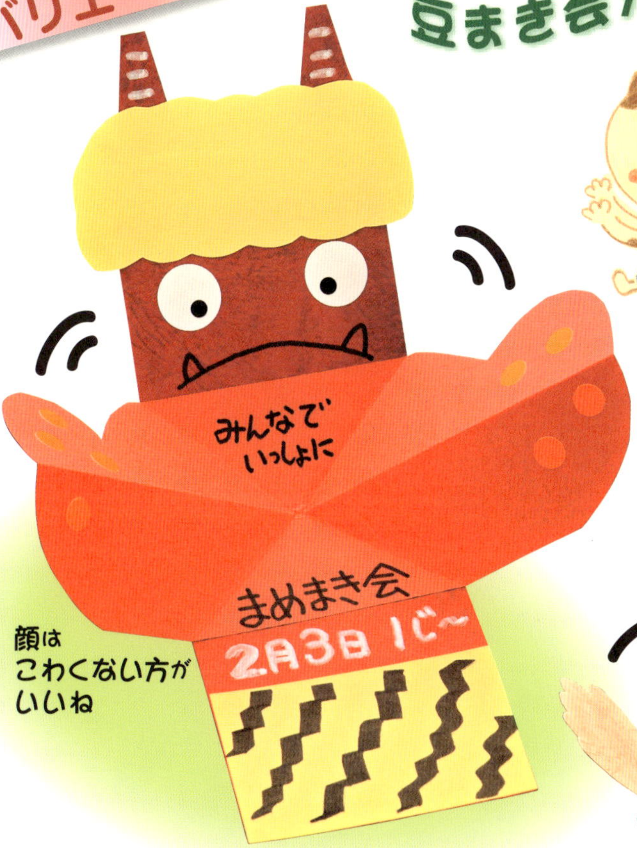

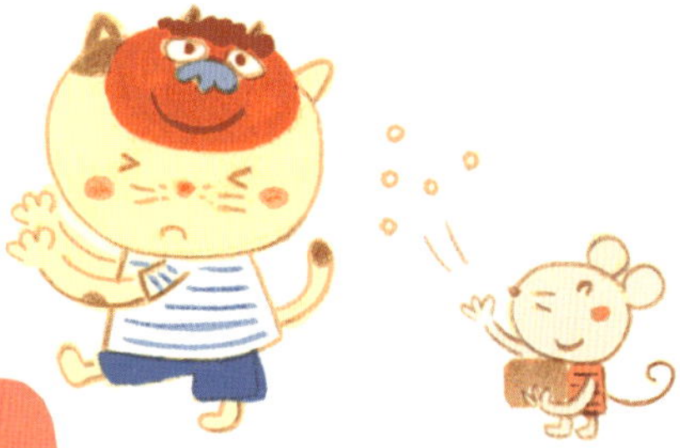

顔は
こわくない方が
いいね

だいすきカード

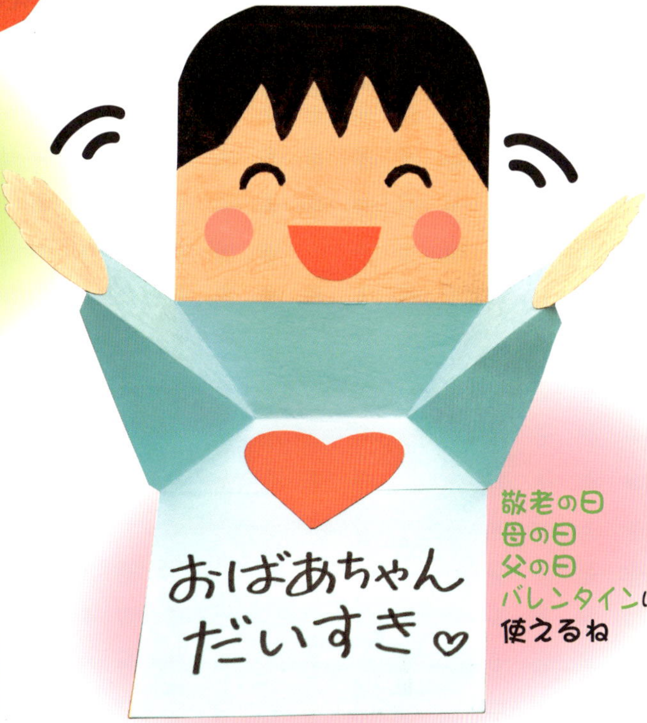

おばあちゃん
だいすき♡

敬老の日
母の日
父の日
バレンタインに
使えるね

参観日カード

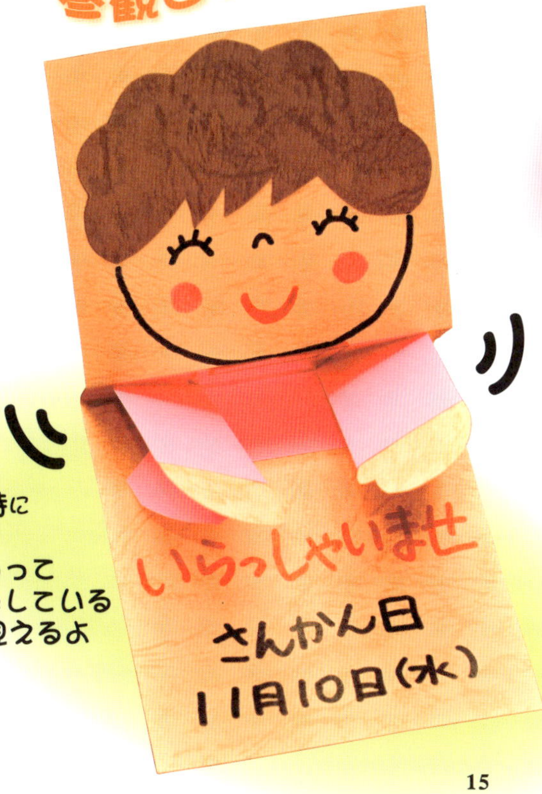

いらっしゃいませ
さんかん日
11月10日(水)

たたむ時に
先生の
手がそろって
おじぎをしている
ように見えるよ

作り方
p.36-37

7 ジャンボ デコレーション

大きく広がるカードです

カードを開くと、なんと縦横3倍に！
広がるカードの決定版！
大きく作る方が広がる感じも大きくて
インパクトがあるから
デコレーションケーキにしてみたよ。
荷物の多い山道でも、かんたんに広げて
かんたんにたたむことができるから
地図の折り方にも使われるべんりなしくみ。
花型やハート型の
変形デコレーションも作れるよ。

ジャンボデコレーション
バリエーション

プール開きカード

作り方
p.38-39

四角のままが一番大きいよ

賞状カード

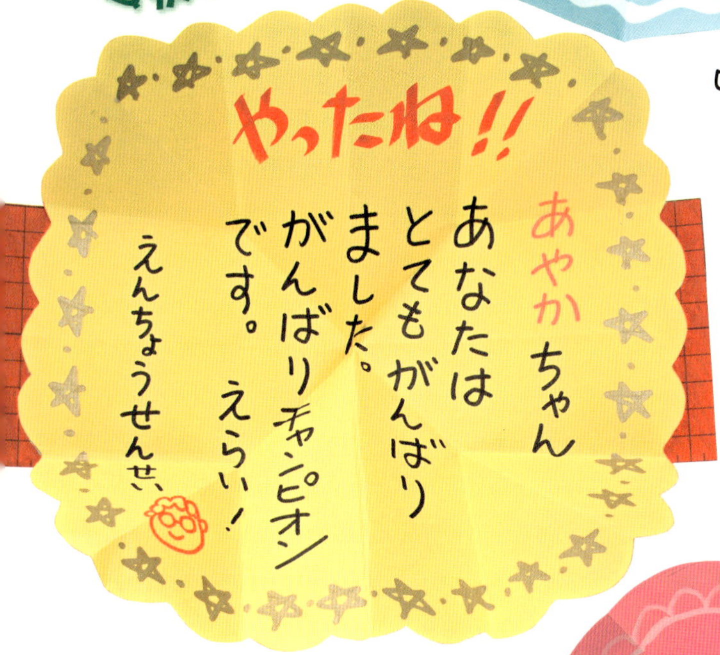

お花のように切ってもステキだね！
運動会・発表会・皆勤賞にぴったり。

ハートカード

父の日
母の日
敬老の日
バレンタインにも！

▼
型紙つき
p.61

8 パタパタ どうぶつパイ

真ん中を開いていくと4通りに変わるカードです

真ん中をパタパタ開いていくと
4通りの絵が現れる変わり絵カード。
むずかしそうに見えるけど
正方形の紙、2枚を組み合わせただけで
できるんだ。
春夏秋冬とか喜怒哀楽とか、4通りに
変わるものをテーマに作ってみてはいかが？
子どもたちの手に合わせた
小さいサイズのものもおもしろいよ。

こぶた たぬき
きつね ねこだね！

ホーッ！

パタパタどうぶつパイ バリエーション

しりとりカード
お楽しみ会・誕生会に

誕生会カード
作り方 p.40-41

4つのことばが「しりとり」でつながるように作ってみよう！

開いていくと秘密の記録が！

すいか

↓

りんご

↓

8月10日 4さいです みのりちゃん

↓

かめ

↓

ごりら

↓

おたんじょうびおめでとう!!

↓

めだか

おいしそ！

↓

らっこ

↓

きねんの てがたを おしましょう

↓

からす

↓

こおり

↓

しんちょう cm / たいじゅう kg

19

❾ へんしん六角タルト

中央を折り返していくと 3通りに変わるカードです

これぞ古き良き伝承。
3通りに絵が変わる「六角返し」という
日本に昔からある「からくりカード」の1つ。
つまり写真にある3種類のタルトは
全部1つのカードから出てくるわけさ。
開き方にもコツがあるので
作り方のページをよく読んでね。
大きく作って
ステージで手品のように見せてもいいね。

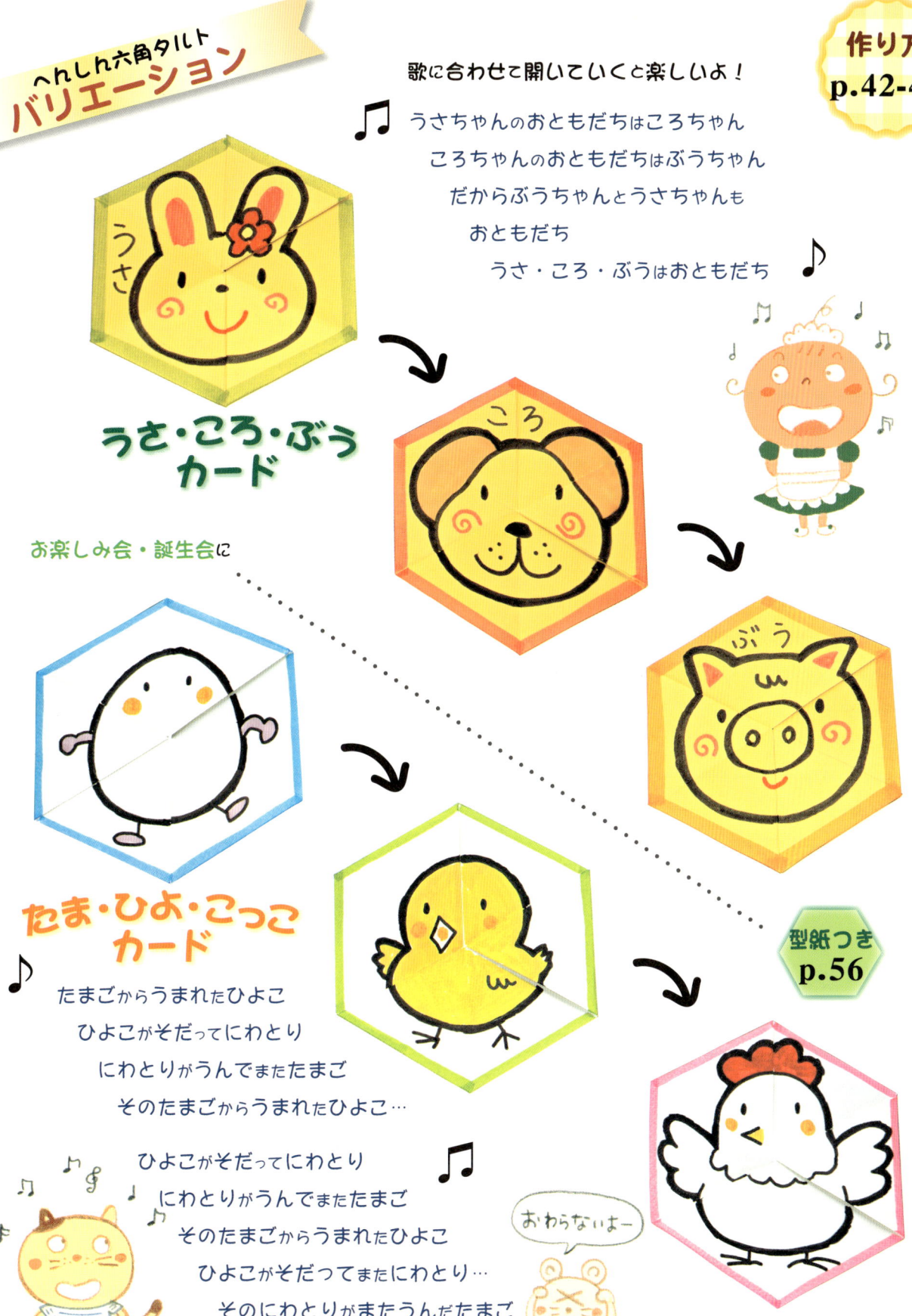

10 天使と悪魔のビスキーサンド

反対側を開くと絵が変わる手品カードです

これも日本に昔からあるカード。
「変身カード」とか「かくれびょうぶ」と言われている伝承手品カードの代表。
天使の絵の向きでビスケットを見せて開くと中も天使の絵。
いったん閉じてくるっと回して悪魔の絵の向きで開くと中の絵も悪魔！
と、こんな感じの手品ができる不思議カード。
お金が消えるさいふと、絵が消えるびょうぶで伝承文化をゲットしよう！

バリエーション
天使と悪魔のビスキーサンド

作り方
p.44-45

まほうのさいふカード

閉じて・開くと…

お金が消えたっ!?

パッ

あれ?

からっぽ♪

これであなたは
もうマジシャン

お楽しみ会・誕生会に

かくれびょうぶカード

たくさんつなげると
びょうぶが作れるよ！

閉じて・開くと…

パッ

これぞ日本の伝統
からくりカード！

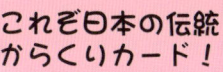

あれ？

ありゃりゃ！ 全員消えちゃった！

～作り方のページ～
カードのパティシエからのアドバイス

その1
たいていの紙には、きれいに折れる方向があるので、
それをたしかめてから、カードの形をとる向きを考えよう。

その2
ハサミは少し高くても、よく切れるものを用意。
カッターの刃先も新しくしておこう。

その3
普通ののりより木工用ボンドがおすすめ。
かわきが速いし、指先についてもこすっていれば、
パラパラときれいに落ちて、すぐ次の作業ができるからね。
両面テープもいいけど、貼る時は一発勝負なので、くれぐれも慎重に。
貼ってすぐなら動かして位置修正ができるボンドの方が、やはり安心かな。
くれぐれもつけすぎないこと、生クリームじゃないからね。
うすく、すみずみまでよくのばして貼るのがコツ。

その4
絵や文字を描くのはカラーサインペンがおすすめ。
裏にしみ出ないものがいいね。
水性の絵の具だと、水分で紙が変形してうまくいかなくなることがある。
顔料系のサインペンの中には、白や金や銀もあるので、
おしゃれな作品にしたい時は使うといいね。

とにかくしかけカードは何度も作って作りなれること。
それが一番だよ！

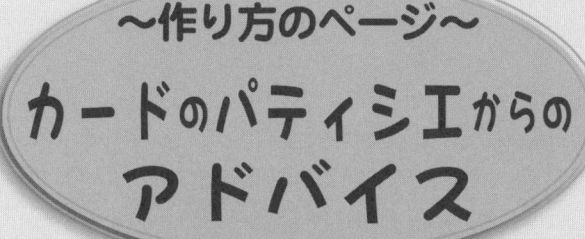

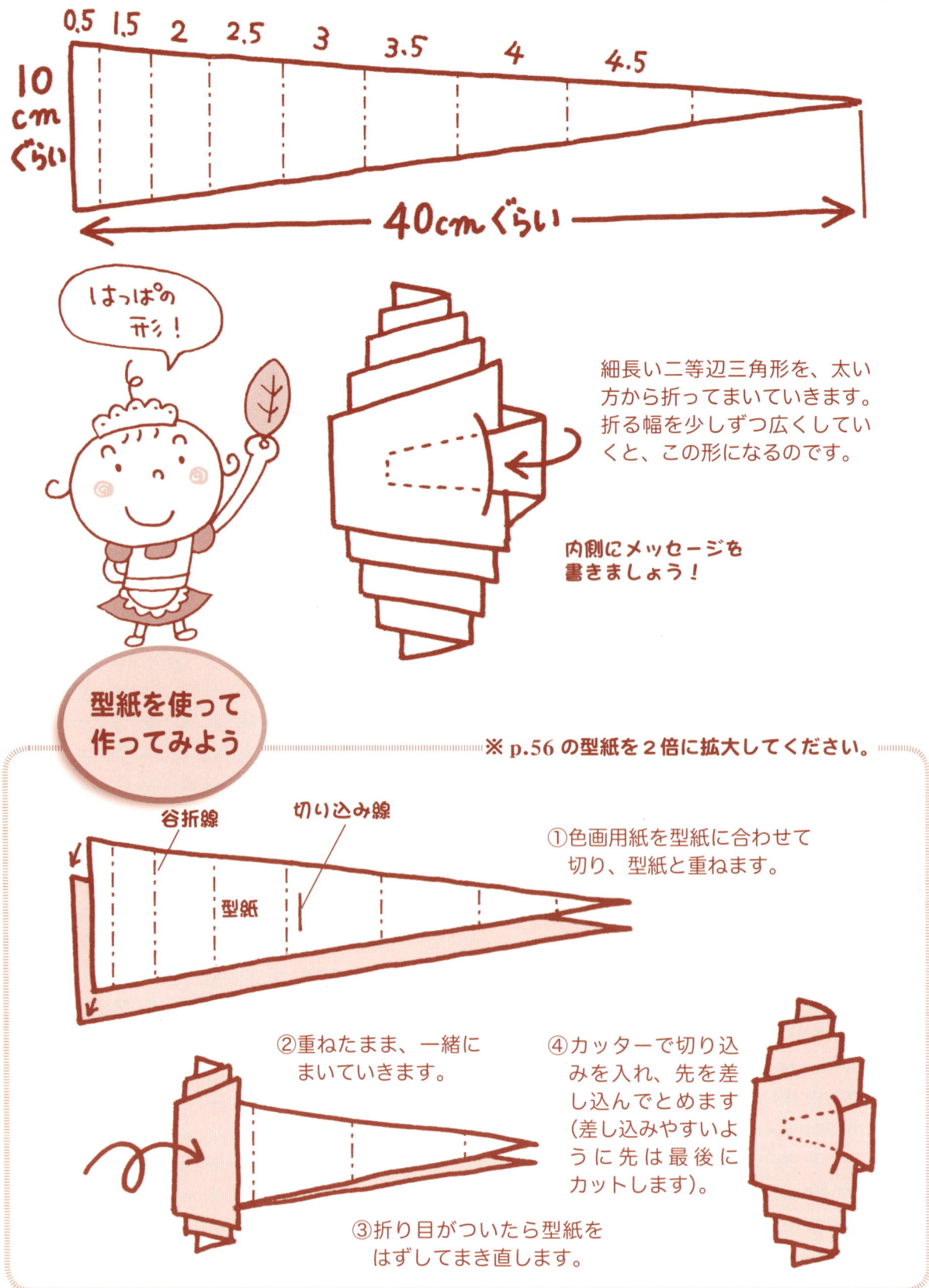

いもほり遠足カード

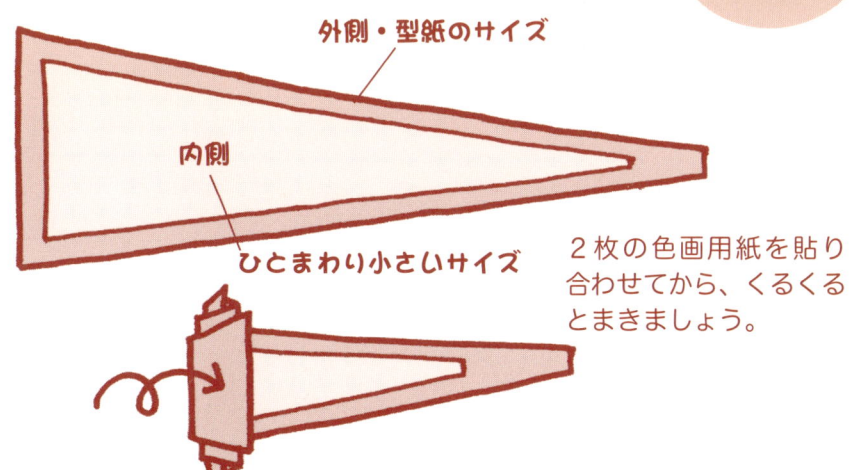

2枚の色画用紙を貼り合わせてから、くるくるとまきましょう。

夏休みカード

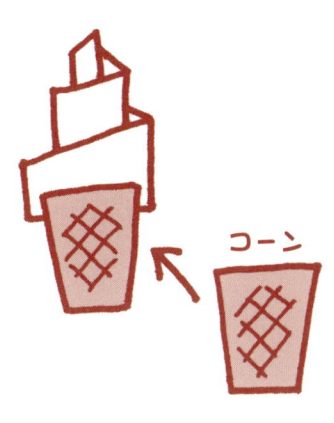

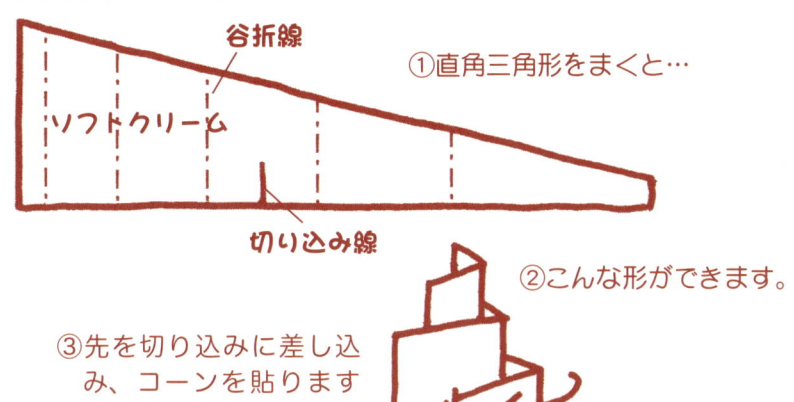

③先を切り込みに差し込み、コーンを貼ります（差し込みやすいように先を少し切りましょう）。

遠足カード

①正三角形の型紙（p.56）の高さに合わせた幅のオビを作り、型紙をあてて三角を1つなぞります。

②その線を折ってくるくると、三角にたたんでいきます。

※ p.5の作品のオビの長さは約35cm。

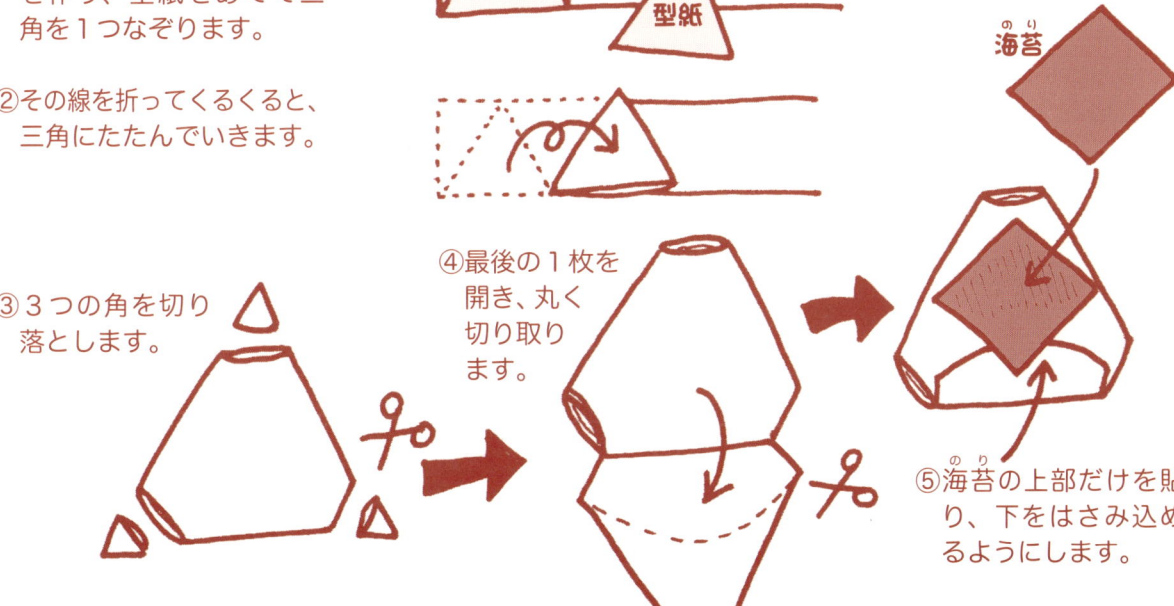

③3つの角を切り落とします。

④最後の1枚を開き、丸く切り取ります。

⑤海苔の上部だけを貼り、下をはさみ込めるようにします。

★写真 p.6-7

2. のびのびクッキー&バリエーションの作り方

長〜い紙のオビを用意します

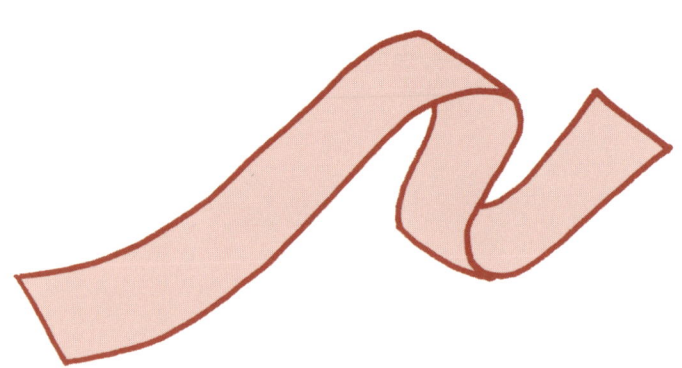

p.57の型紙で作る場合は、好きな絵柄の天地の幅に合わせた紙オビを用意します。

たとえばこれなら5cm幅のオビ。長さは左右4cmの倍数。

型紙を使って作ってみよう

①型紙の横幅（ここでは4cm）に合わせて折ります。

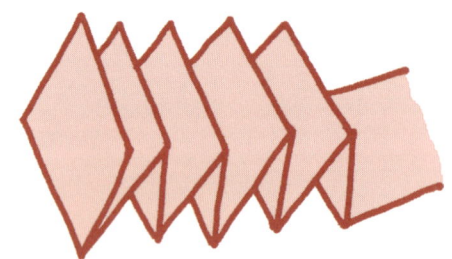

②その幅でジグザグに折っていきます。

③型紙を重ねます（テープでとめてもよい）。

④絵柄を切り取ります（たくさん重なっているのでハサミよりカッターの方がきれいに切り取れます）。

運動会カード

たのしいうんどう会

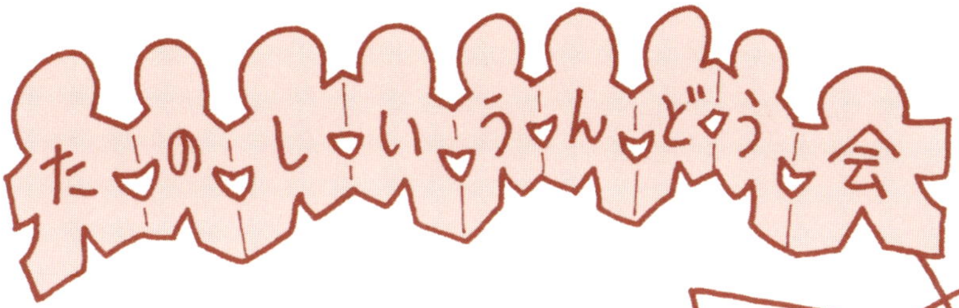

絵や文字を書き、はしをカードに貼ります。

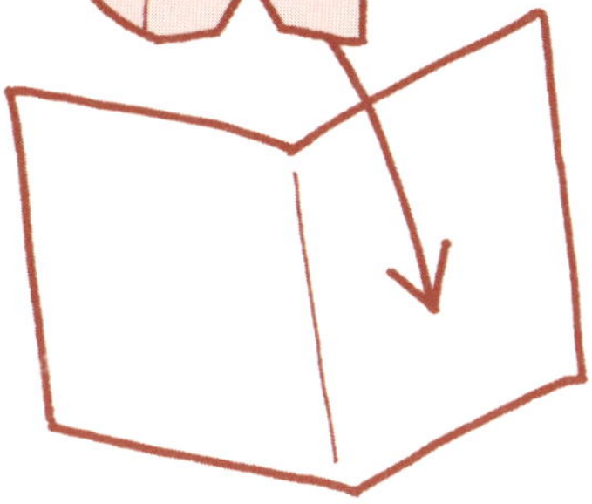

文字数に合わせた数を折るわけです。これだと8回折り。

母の日カード

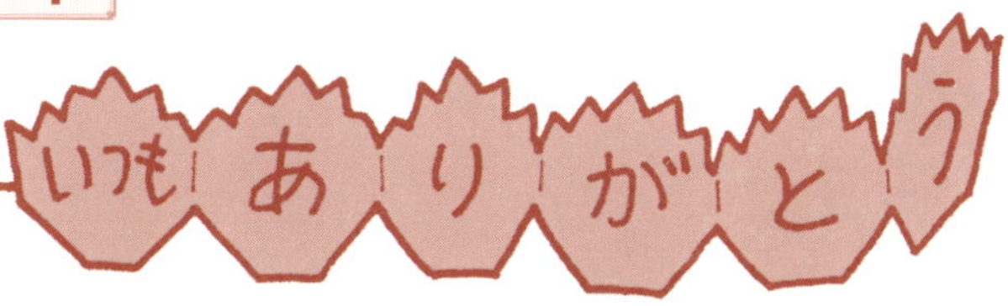

いつもありがとう

はしをカードに貼ります。

はっぱと茎

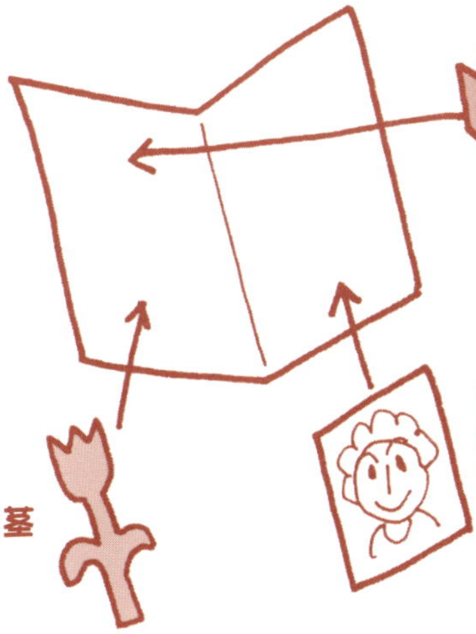

似顔絵を貼るのもいいね！

七夕会カード

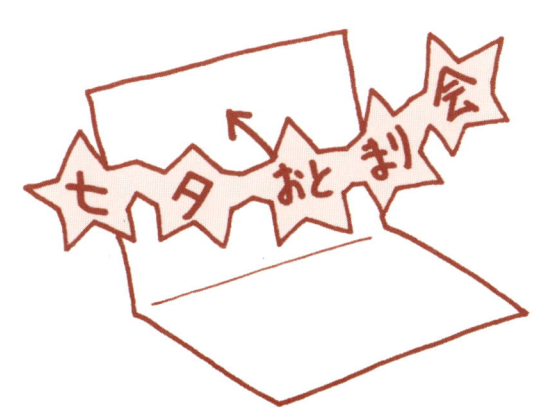

七夕 おとまり会

入園式カード

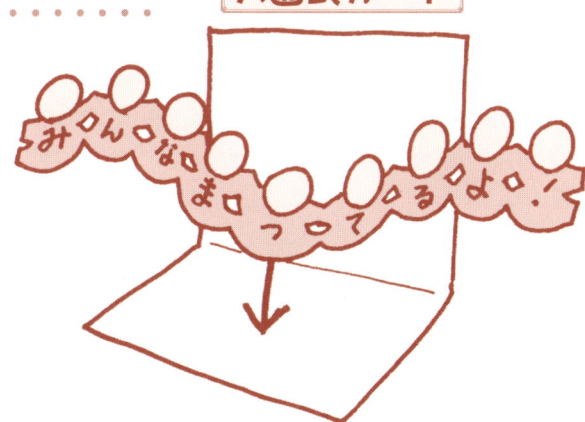

みんなまっているよ！

真ん中を貼ると両側に広がるカードになります。

| しかけの秘密は『天（てん）にV（ブイ）』 | ★写真 p.8-9 ## 3 とびだすパフェ＆バリエーションの作り方 |

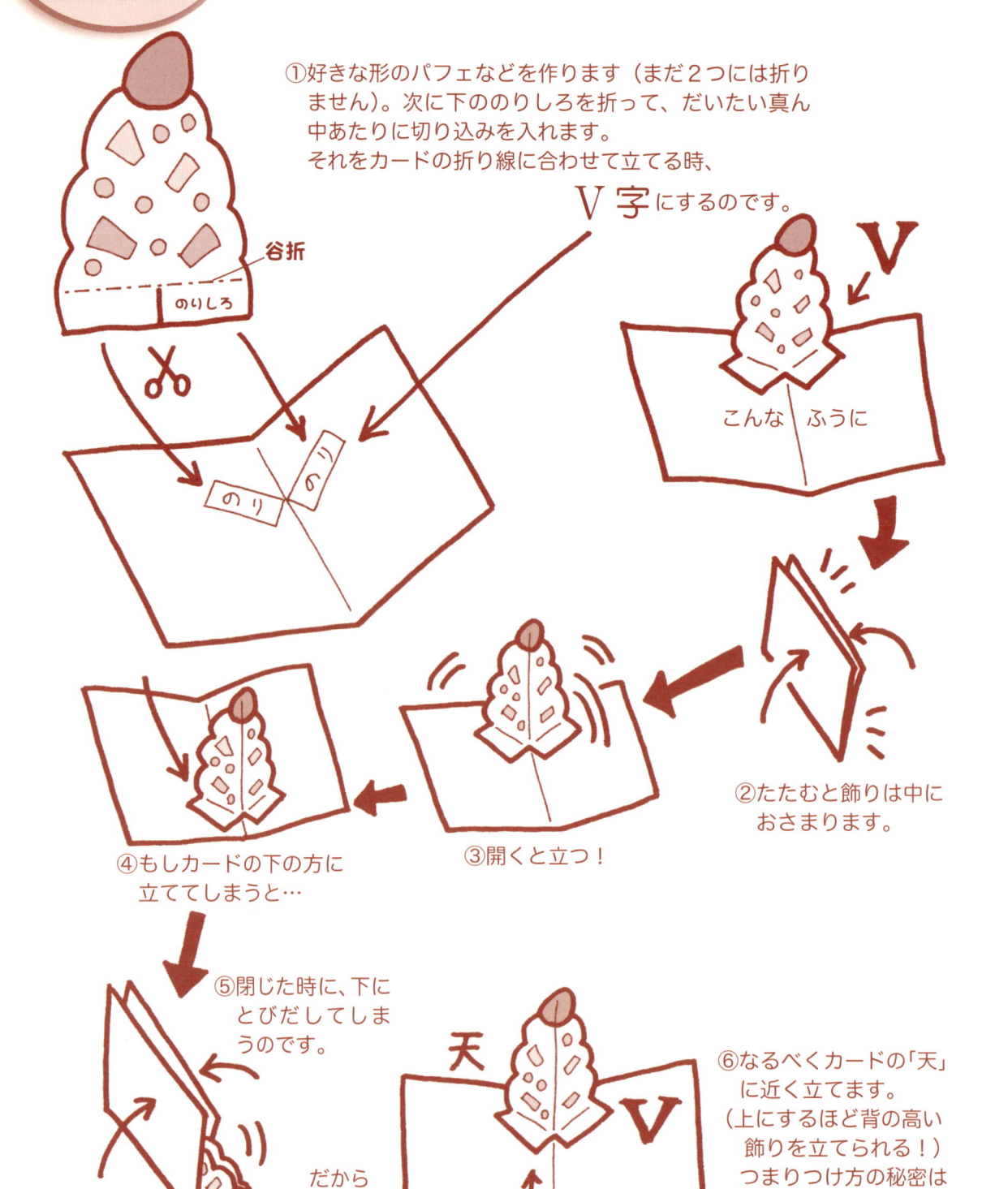

①好きな形のパフェなどを作ります（まだ２つには折りません）。次に下ののりしろを折って、だいたい真ん中あたりに切り込みを入れます。
それをカードの折り線に合わせて立てる時、V字にするのです。

谷折／のりしろ

こんなふうに

②たたむと飾りは中におさまります。

③開くと立つ！

④もしカードの下の方に立ててしまうと…

⑤閉じた時に、下にとびだしてしまうのです。

だから

天／地

⑥なるべくカードの「天」に近く立てます。
（上にするほど背の高い飾りを立てられる！）
つまりつけ方の秘密は
『天にV』
というわけです。

| 運動会カード | 『天にVが1つ』のパターン | クリスマスカード | 『Vが2つ』のパターン |

飾りを2つつける時は、手前につけるものの方を低くします。

| 花まつりカード | 『Vが3つ』のパターン | 入園式カード |

3つ以上つける時も同様に、前に立てるものほど、飾りの高さを低くします。

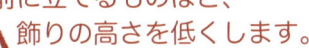

でもVの角度は同じにします。そうしないと、たたんだ時、中でぶつかることがあります。

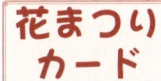

「このカードを いくつか 作って貼り重ねていけば 『とびだす絵本』ができるよ」

★写真 p.10-11

4. ポップアップキャンディー & バリエーションの作り方

①台紙を２つに折ります。　②角を斜めに折ります（しっかり折り目をつけましょう）。

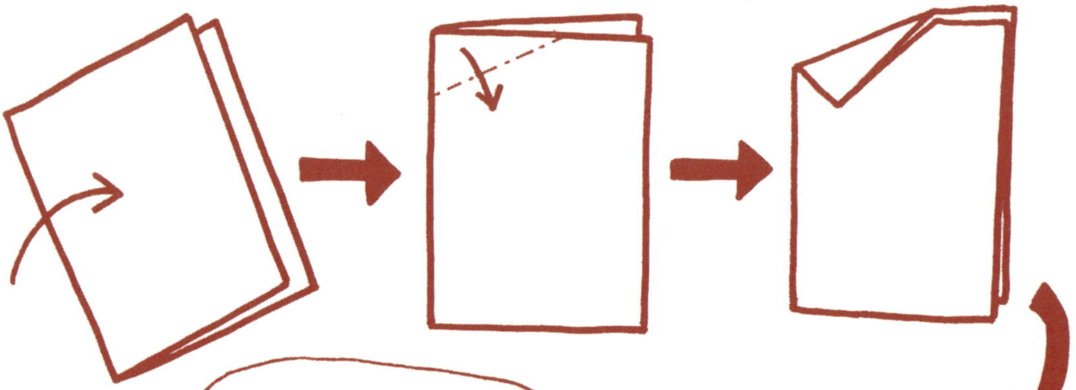

③台紙を開き、折り目を内側へ折り込めば、しかけ「天にV」の完成！

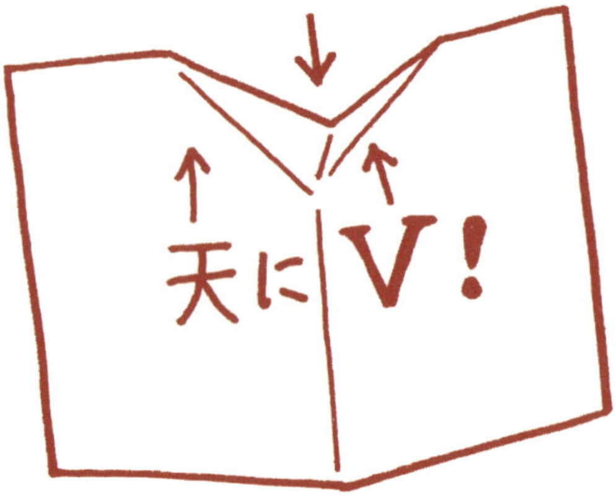

↑天にV！↑

折るだけで、かんたんに天にVができちゃうよ!!

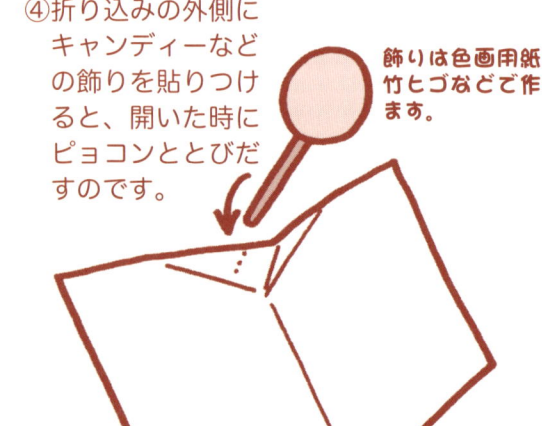

④折り込みの外側にキャンディーなどの飾りを貼りつけると、開いた時にピョコンととびだすのです。

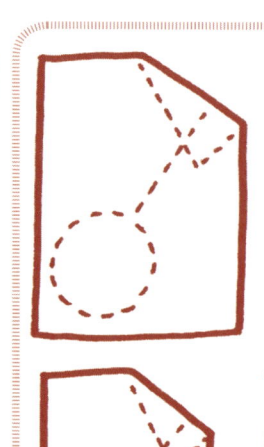

飾りは色画用紙と竹ヒゴなどで作ります。

長い飾りを入れるには…

カードを閉じた時に、カードの対角線の位置におさまるように飾りを貼ると、一番高い（長い）飾りをおさめることができます。

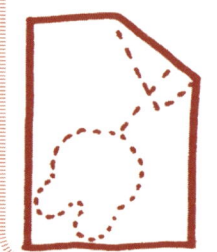
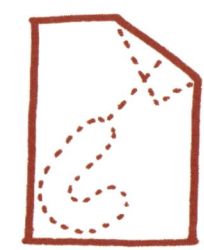
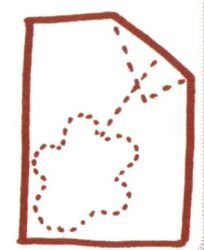

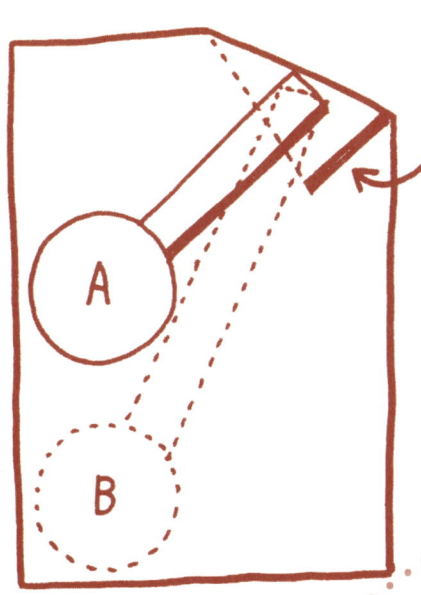

Aを、このラインに平行につけると、飾りが垂直に立ち上がります。
Bの角度でつけると、飾りは少し斜めになりますが、Aよりも高いものがつけられるので大きくとびだす感じになります。

お泊まり保育カード

カードの紙を2重にする場合は、ふちのところだけボンドをつけて貼ります（全面を貼ってしまうと、たたんだ時にしわになってしまいます）。

母の日カード

竹ヒゴを、花の形に切った色画用紙ではさみ、カードに貼りつけます。

カードの縦を長くすると、より背の高い飾りをつけることができます。

サッカー大会カード

透明のプラスチックなどを使うと、ボールが浮いているように見えます！

もちつき大会カード

おもちは、やわらかい和紙などで作ります。カードを一番大きく開いた時にピンと貼るぐらいの長さがいいですね。短すぎると切れたりはがれたりします。

★写真 p.12-13

5 ひょっこりプチケーキ&バリエーションの作り方

①型紙（p.58-60）をコピーして大きめの台紙に貼ります。

②型紙の上からカッターで先に中央の太線に切り込みを入れます。

③最後にまわりの枠を切ってはずし、上の型紙を取りましょう。

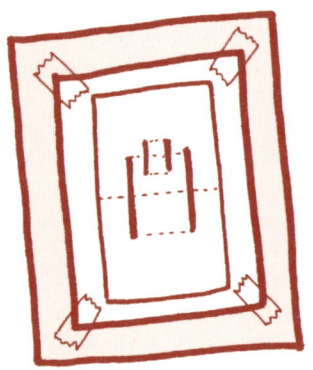

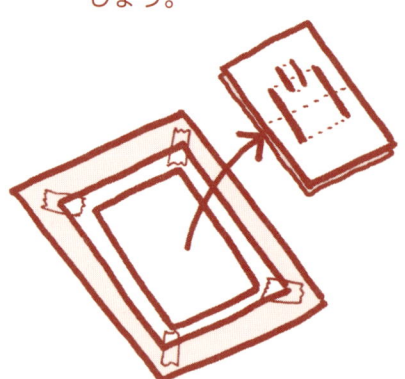

④カード全体を2つ折りにしながら、真ん中を引っぱりだして折り目をつけます。
※それぞれの型紙の山線・谷線に合わせて折りましょう。

⑤飾りつけをします。

型紙を使って作ってみよう

⑥できた台紙を別の台紙に貼る時は…

中央の折り線をぴったり合わせます。

両はしだけにボンドをつけて、カードをたたんだ状態で接着します（全面を貼ってしまうと、たたんだ時にしわになってしまいます）。

※中に折り込めば、へこんだ形も作れます（p.12 チョコレートケーキの写真参照）。

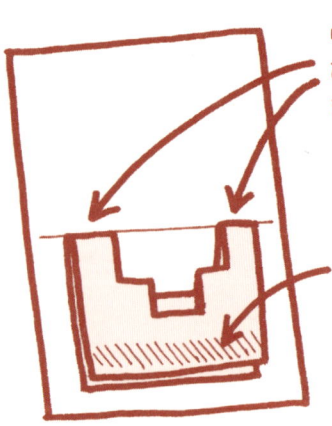
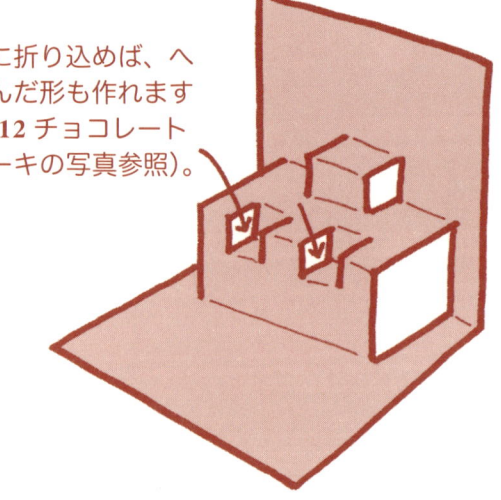

型紙 p.58-60

バス遠足カード
箱が1つだけとびだす形

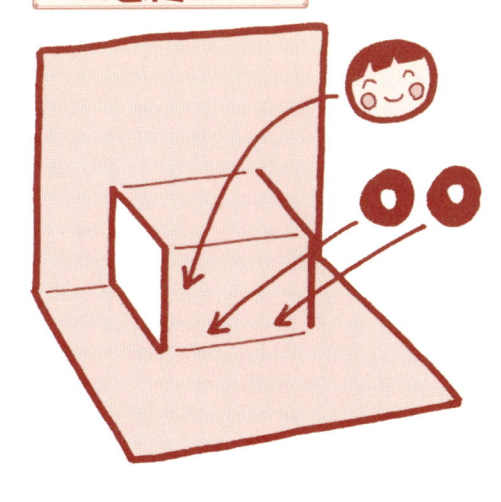

卒園式カード
上にもう1つ箱が
とびだす形

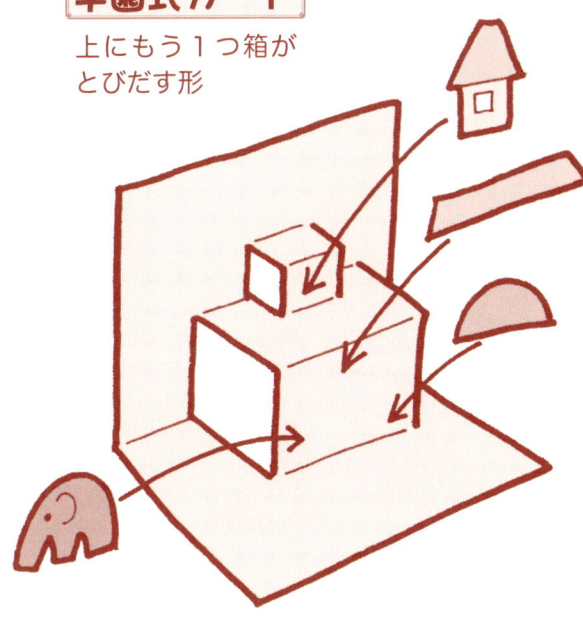

お月見会カード
上や前など
いくつも箱が
とびだす形

ひなまつりカード
階段状にとびだす形

箱を積み
重ねた
形だね!!

★写真 p.14-15

6 ラブラブチョコレター&バリエーションの作り方

カードを開くと

こうなります！

しかけの秘密は『船を作る！』

用意するのは2枚の長方形。
細長い方Aで「うで」を作ります。

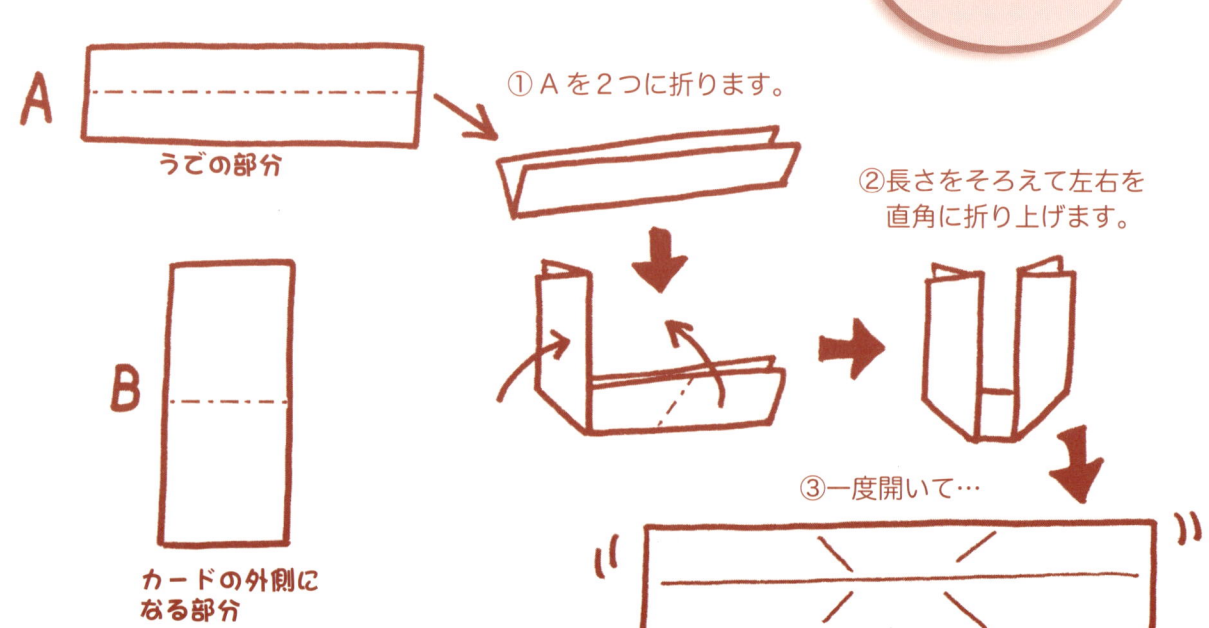

A うでの部分

①Aを2つに折ります。

②長さをそろえて左右を直角に折り上げます。

B カードの外側になる部分

③一度開いて…

④内側へ折り直すと…

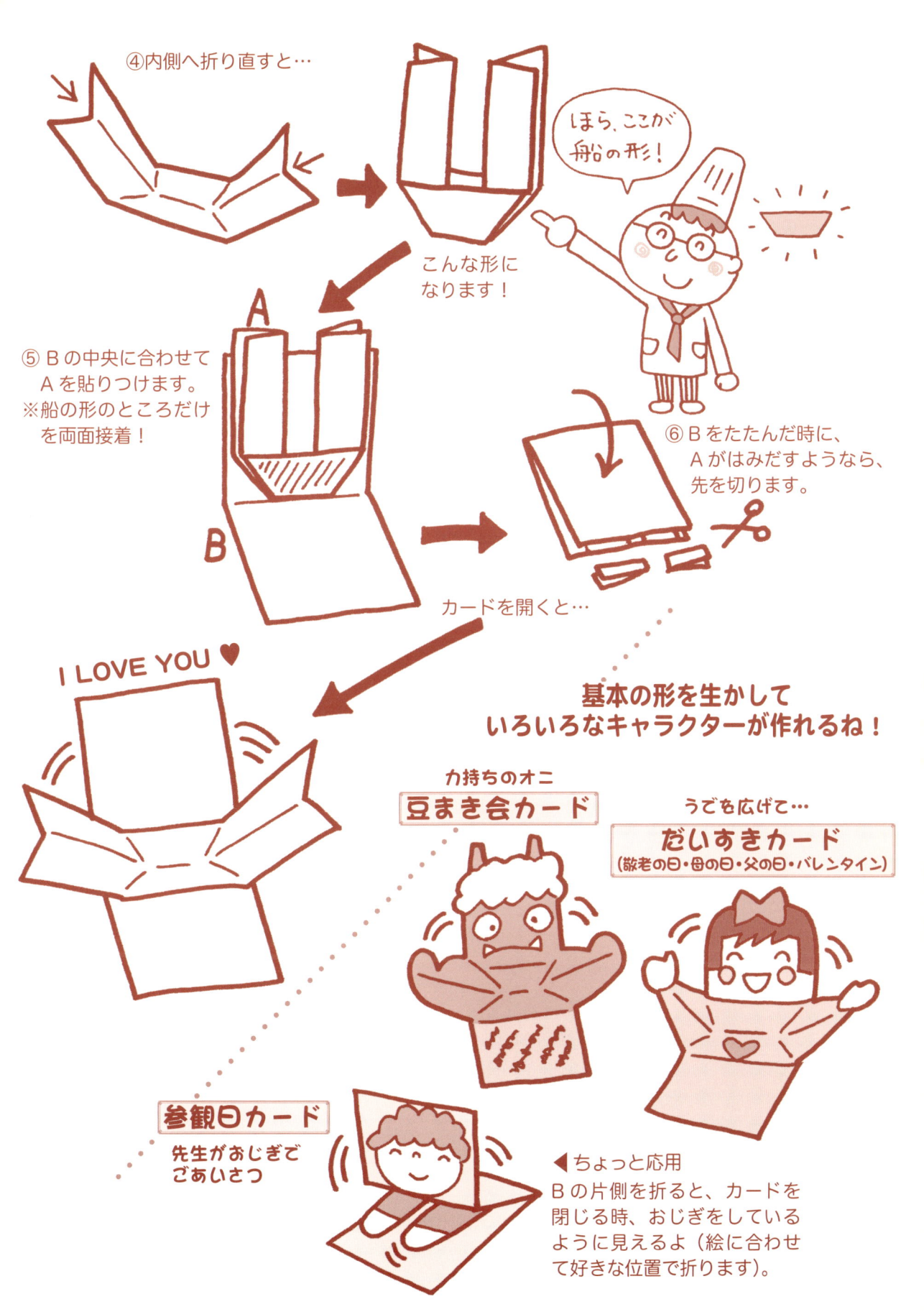

こんな形になります！

「ほら、ここが舟の形！」

⑤Bの中央に合わせてAを貼りつけます。
※船の形のところだけを両面接着！

⑥Bをたたんだ時に、Aがはみだすようなら、先を切ります。

カードを開くと…

I LOVE YOU ♥

基本の形を生かして
いろいろなキャラクターが作れるね！

力持ちのオニ
豆まき会カード

うでを広げて…
だいすきカード
(敬老の日・母の日・父の日・バレンタイン)

参観日カード
先生がおじぎで
ごあいさつ

◀ちょっと応用
Bの片側を折ると、カードを閉じる時、おじぎをしているように見えるよ（絵に合わせて好きな位置で折ります）。

37

★写真 p.16-17

7 ジャンボデコレーション&バリエーションの作り方

小さなカードが…　→　パッ　こんな感じに広がるからびっくり！

折り方の秘密

①正方形の紙を4つ折りにし、両側を三角につぶします。

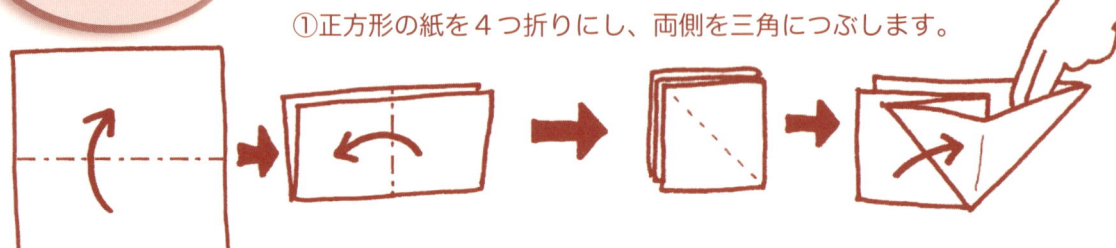

②ホームベース型に折ってから開き、4つのとんがりを内側へ、しっかり折り込みます。

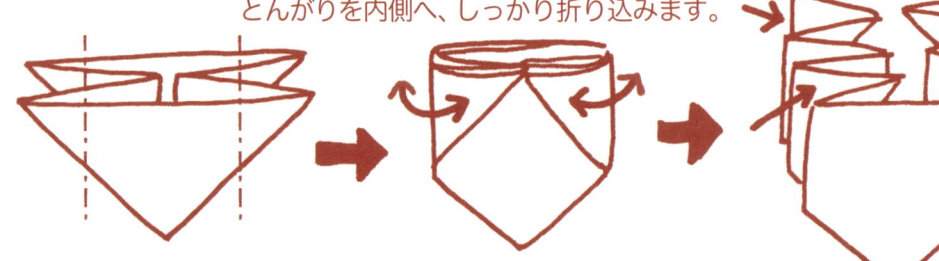

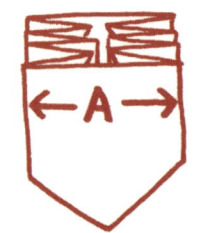

こんな形に！

③Aの幅の台紙（厚紙）に両面を貼ります。

ベースの先を折り線に合わせる

ボンドは全面につけず両はしだけでOK

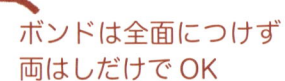

※台紙に厚い紙を使うとしっかり開きます。

④閉じて20秒くらい押さえ、ボンドが乾いたら広げます。

開くと…

プール開きカード

⑤折り線にかからないように飾りを貼りましょう。

プールびらき

賞状カード
（運動会・発表会・皆勤賞）

四角のままが一番大きく広がります。まわりを切って、変わったデザインのものを作ってみましょう。
ハートの型紙（p.61）も試してみてください。

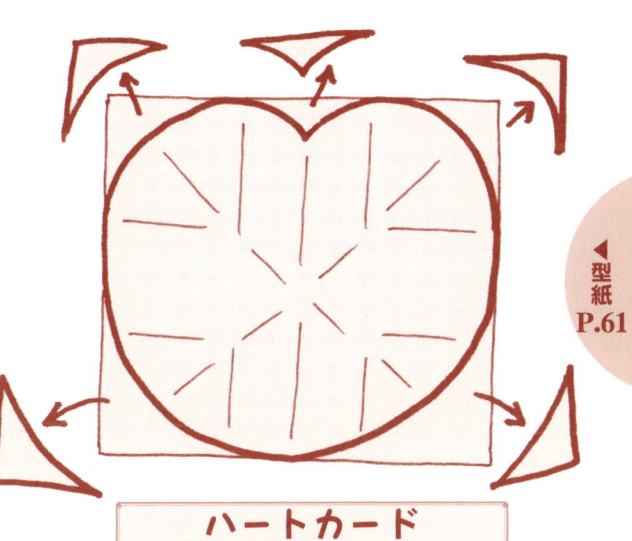

◀型紙 P.61

ハートカード
（父の日・母の日・敬老の日・バレンタイン）

39

★写真 p.18-19

8 パタパタどうぶつパイ＆バリエーションの作り方

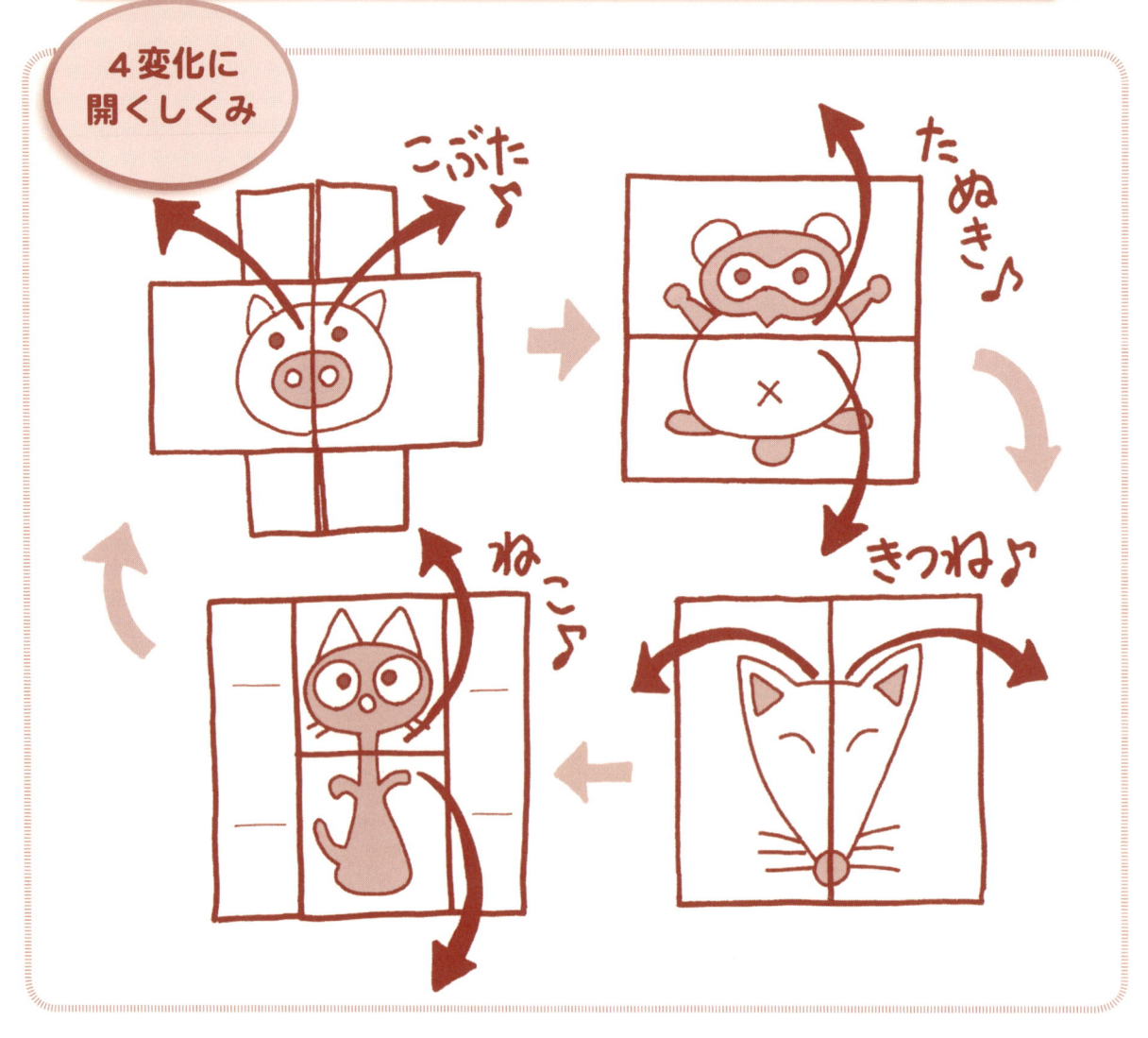

4変化に開くしくみ

こぶた♪ → たぬき♪ → きつね♪ → ねこ♪

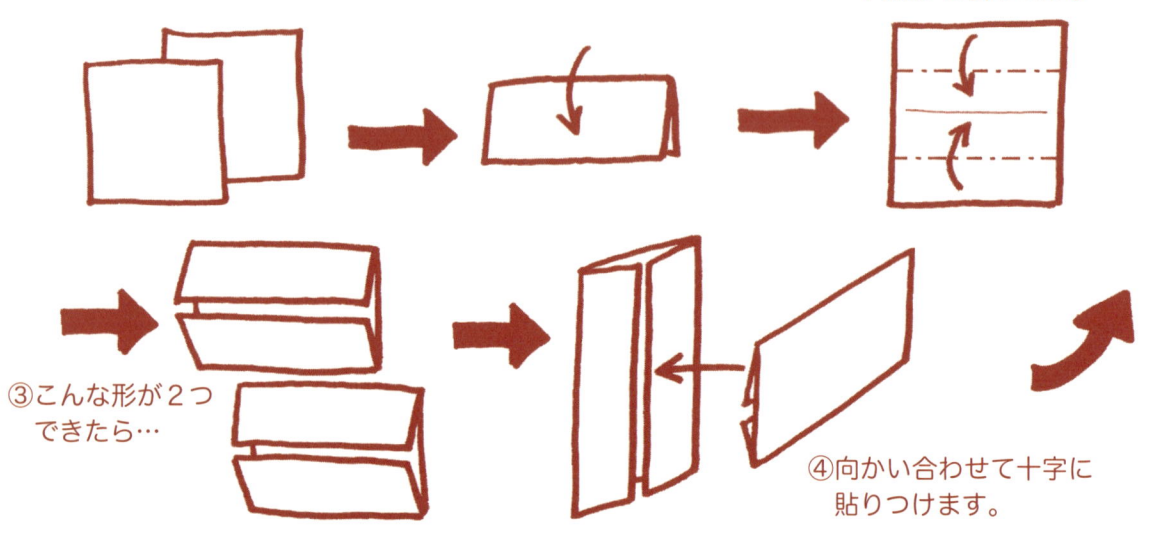

①正方形の紙を2枚用意し、それぞれ2つに折ります。

②その折り線に合わせて両側から折ります。

③こんな形が2つできたら…

④向かい合わせて十字に貼りつけます。

※ちょうど真ん中に、しっかり直角につけること。

⑤ここを切り開いて…

⑥裏返して
ここも切り開けば
できあがり！

4通りの絵が描けるよ！

しりとりカード
誕生会カード
（お楽しみ会・誕生会）

←A→

りんご

この部分に書いたらだめ！

←A→

こおり

絵を描く時の注意！
この形の面に描く時は、絵柄をAの幅におさめないと、他の面に絵柄がはみだしてしまいます。

サインペンで描く時は「裏にしみ出ない」ペンを使ってね。

PROCKEY

★写真 p.20-21

9 へんしん六角タルト＆バリエーションの作り方

① p.56の型紙を切って好きなサイズにコピーします。

② Aの幅の紙オビを用意します。
※長さはBの6倍以上、必要です。

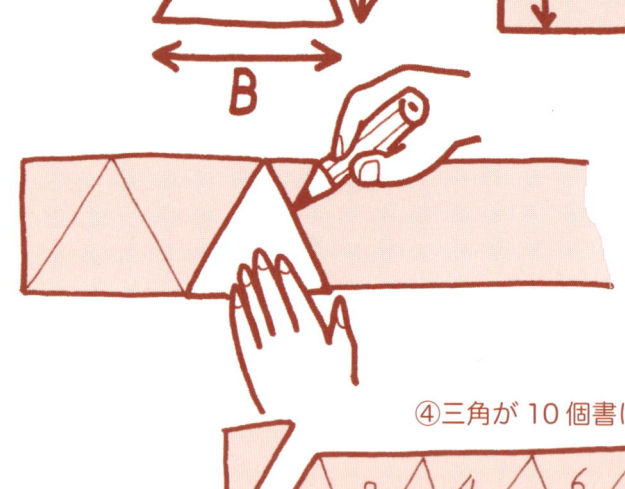

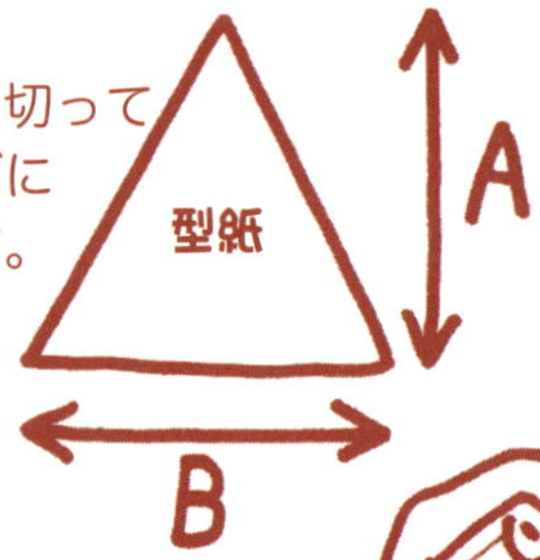

③ 型紙をあて、鉛筆でなぞっていきます。

④ 三角が10個書けたら、左右を切り取ります。

⑤ 一度、全部の線に折りすじをつけてから…

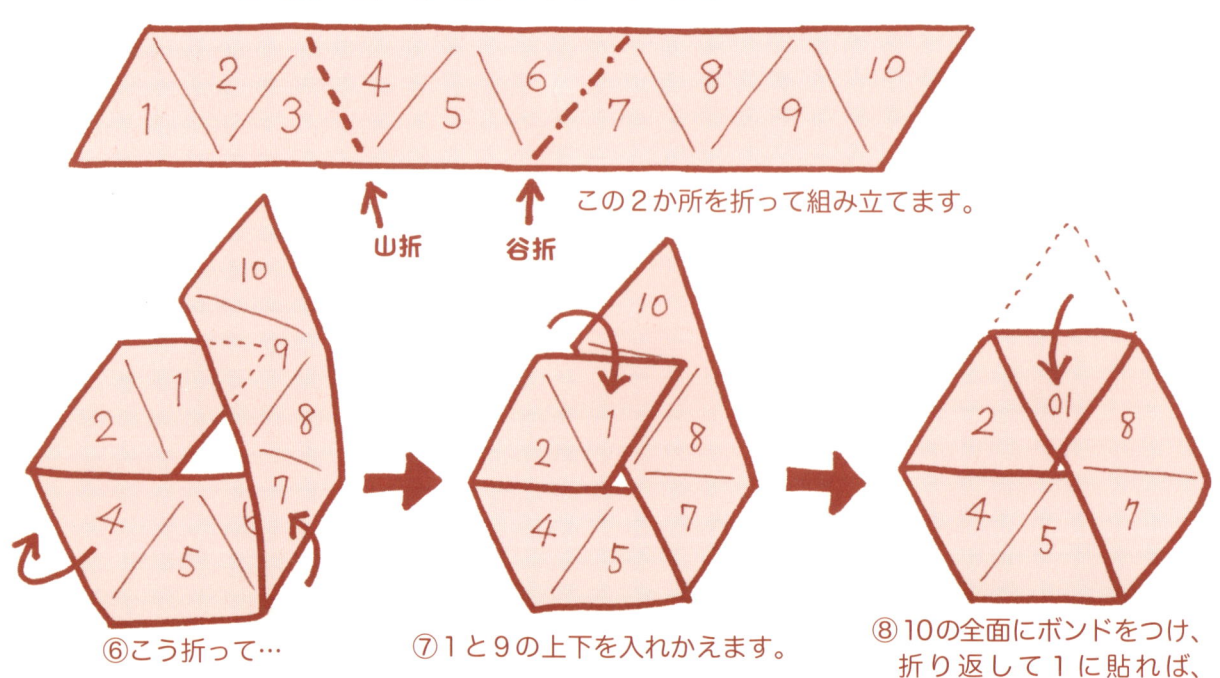

この2か所を折って組み立てます。
山折　谷折

⑥ こう折って…

⑦ 1と9の上下を入れかえます。

⑧ 10の全面にボンドをつけ、折り返して1に貼れば、六角形のできあがり！

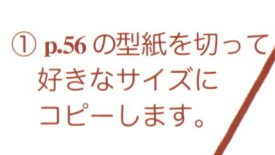

▶型紙 p.56

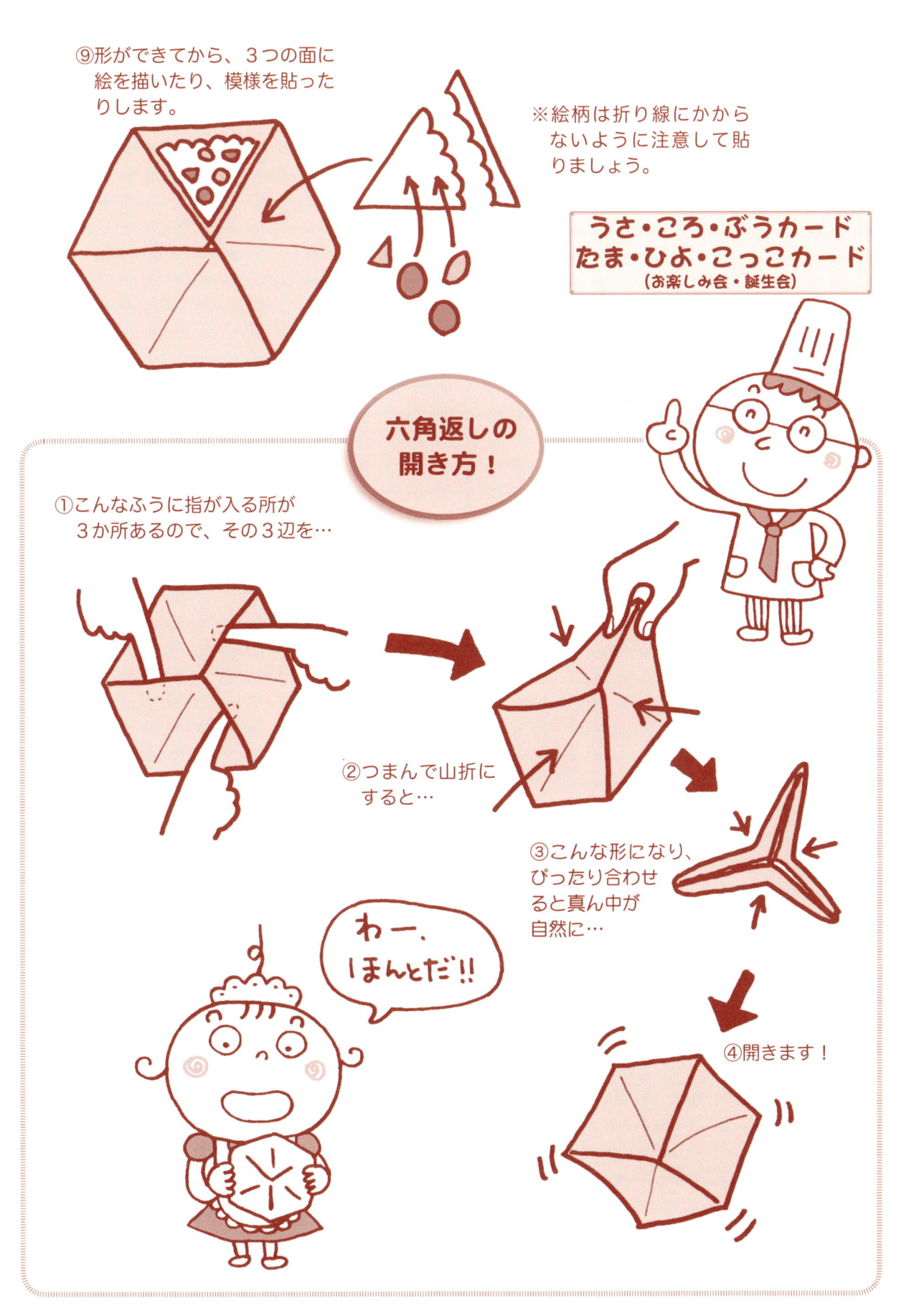

⑨形ができてから、3つの面に絵を描いたり、模様を貼ったりします。

※絵柄は折り線にかからないように注意して貼りましょう。

うさ・ころ・ぶうカード
たま・ひよ・こっこカード
（お楽しみ会・誕生会）

六角返しの開き方！

①こんなふうに指が入る所が3か所あるので、その3辺を…

②つまんで山折にすると…

③こんな形になり、ぴったり合わせると真ん中が自然に…

④開きます！

わー、ほんとだ！！

★ 写真 p.22-23

10 天使と悪魔のビスキーサンド & バリエーションの作り方

手品の見せ方

① 「天使がいるね」

② 「開くと中にも天使！」

③ 閉じて、手の中でまわして上下を逆にします。

あれ！ 悪魔になっちゃった。

でもこれは、絵がさかさになったから、そう見えるだけでしょ？

④ 「そんなことはありません。ほら、中も」

あっ！ 悪魔になってる！

と、こんな流れの手品ができるわけです。3本のオビのかけ方で不思議がおこるオビからくりです

ふ〜ん

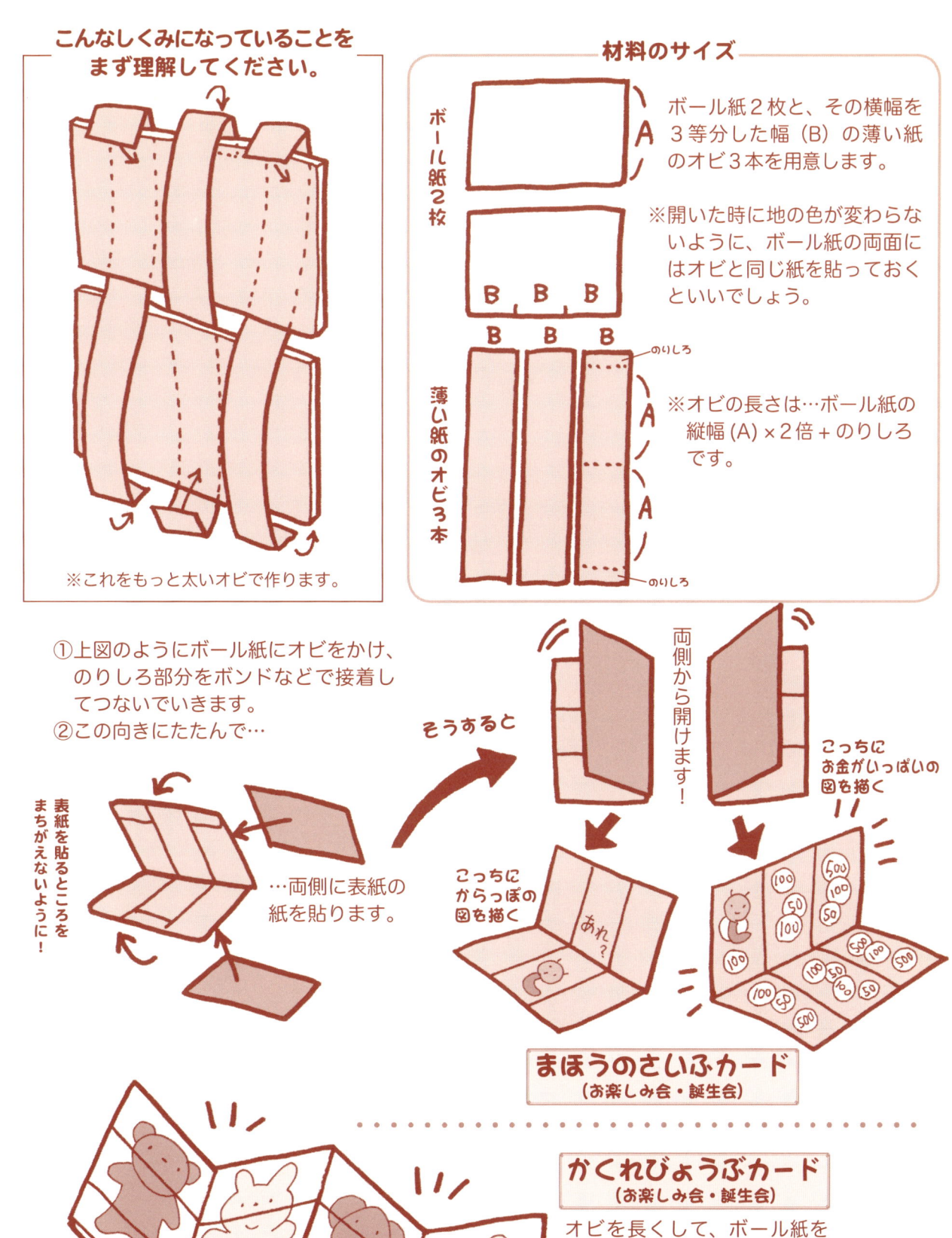

こんなしくみになっていることを まず理解してください。

※これをもっと太いオビで作ります。

材料のサイズ

ボール紙2枚

薄い紙のオビ3本

のりしろ

ボール紙2枚と、その横幅を3等分した幅（B）の薄い紙のオビ3本を用意します。

※開いた時に地の色が変わらないように、ボール紙の両面にはオビと同じ紙を貼っておくといいでしょう。

※オビの長さは…ボール紙の縦幅（A）×2倍＋のりしろです。

① 上図のようにボール紙にオビをかけ、のりしろ部分をボンドなどで接着してつないでいきます。
② この向きにたたんで…

そうすると

両側から開けます！

…両側に表紙の紙を貼ります。

表紙を貼るところをまちがえないように！

こっちにからっぽの図を描く

こっちにお金がいっぱいの図を描く

まほうのさいふカード
（お楽しみ会・誕生会）

かくれびょうぶカード
（お楽しみ会・誕生会）

オビを長くして、ボール紙を何枚もつないで作ります。
たたんでから反対側を開くと、描かれていた絵が全部消えるからびっくり！

★写真 p.24

プレゼントにそえる おめでとう・ありがとうカードを作ろう！

母の日、父の日、敬老の日は
「ありがとう！」と感謝する日。
運動会や発表会は「おめでとう！」
「やったね！」と、たたえる日。
その他、入園式、卒園式、
クリスマス、お誕生会 etc.
いろいろな行事に使える…
そんなカードを6種とりそろえて
ご紹介します。

ありがとう！

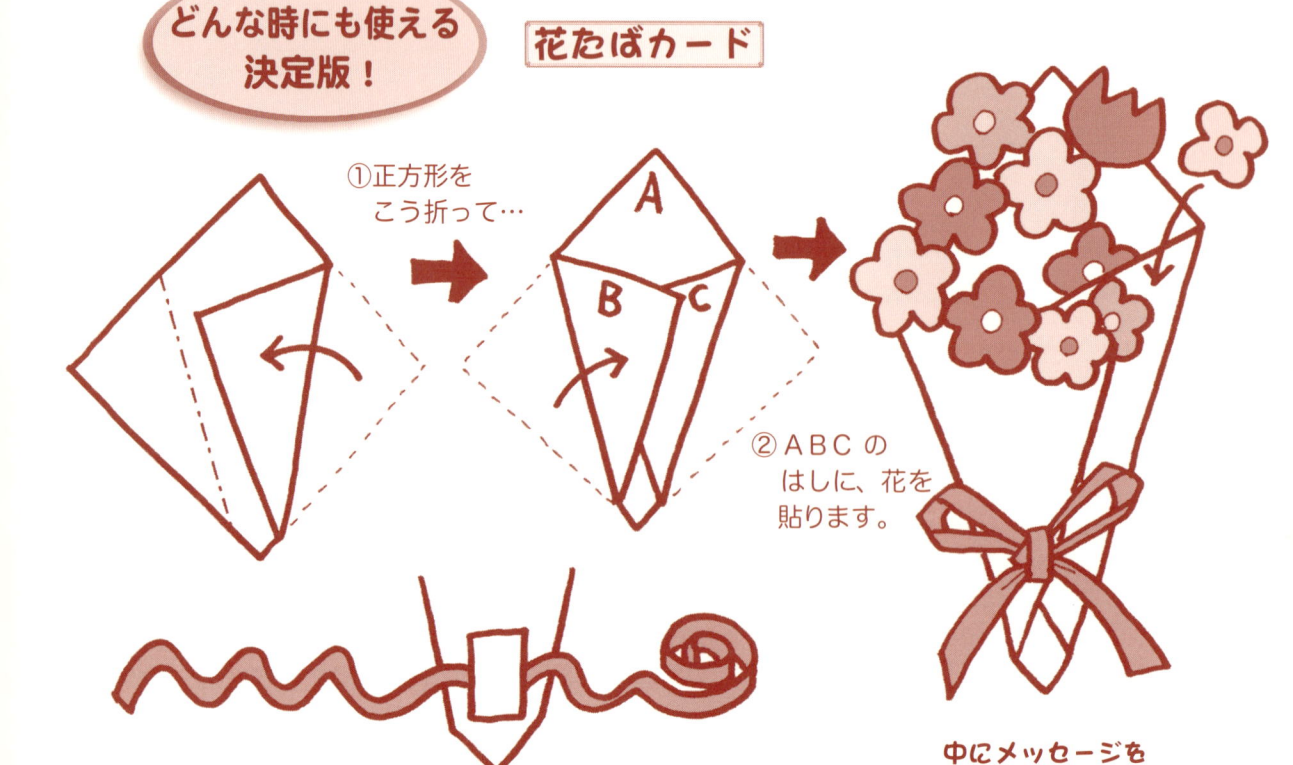

ペコリ
ペコリ

どんな時にも使える決定版！

花たばカード

①正方形をこう折って…

②ABCのはしに、花を貼ります。

③うしろに細いリボンをつけて
（画用紙などで貼り押さえる）
前で結びます。

中にメッセージを書こう！

カーネーションカード　母の日に

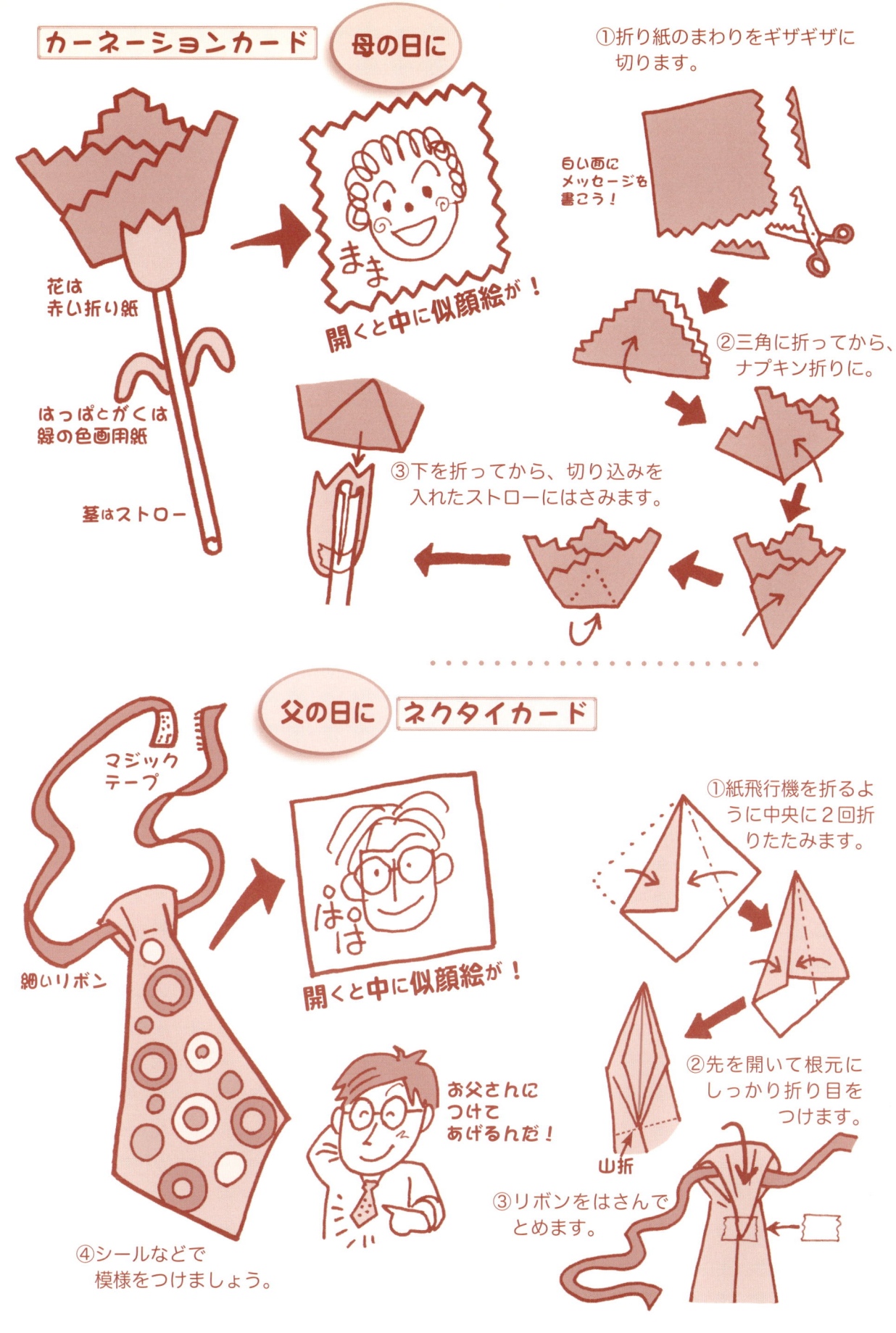

花は赤い折り紙

はっぱとがくは緑の色画用紙

茎はストロー

開くと中に似顔絵が！

まま

① 折り紙のまわりをギザギザに切ります。

白い面にメッセージを書こう！

② 三角に折ってから、ナプキン折りに。

③ 下を折ってから、切り込みを入れたストローにはさみます。

父の日に　ネクタイカード

マジックテープ

細いリボン

開くと中に似顔絵が！

ぱぱ

お父さんにつけてあげるんだ！

① 紙飛行機を折るように中央に2回折りたたみます。

② 先を開いて根元にしっかり折り目をつけます。

山折

③ リボンをはさんでとめます。

④ シールなどで模様をつけましょう。

かたたたきカード　敬老の日に

上下に引くと
たんとん
たんとん
動くよ！

①細長い紙を図のように折り、縦に2つに切ります。

②一方を逆さまにして、両はしをセロハンテープでとめます。

③顔と手をつけ、肩叩き券を下に貼ります。

かたたたきけん

皆勤賞や運動会に　ゴールデンスニーカー

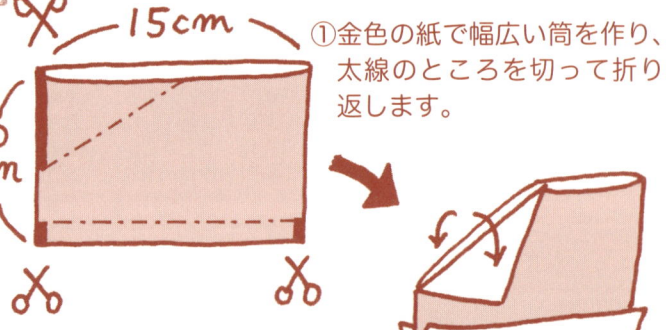

①金色の紙で幅広い筒を作り、太線のところを切って折り返します。

15cm
10cm

②パンチで5つ穴をあけます。

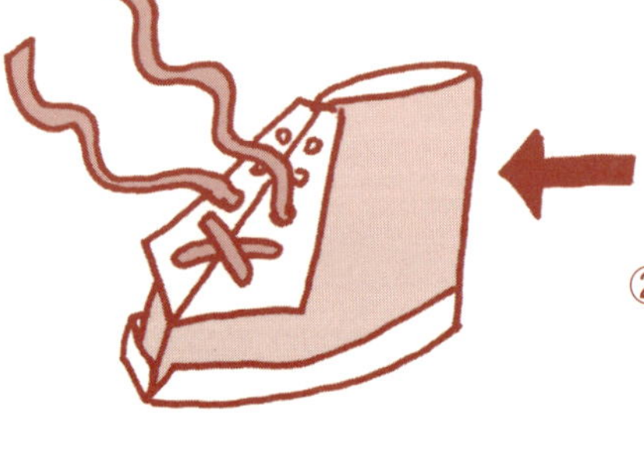

③細いリボンを通し、くつのように結びます。

がんばったごほうび！
トロフィーのように飾れるね！

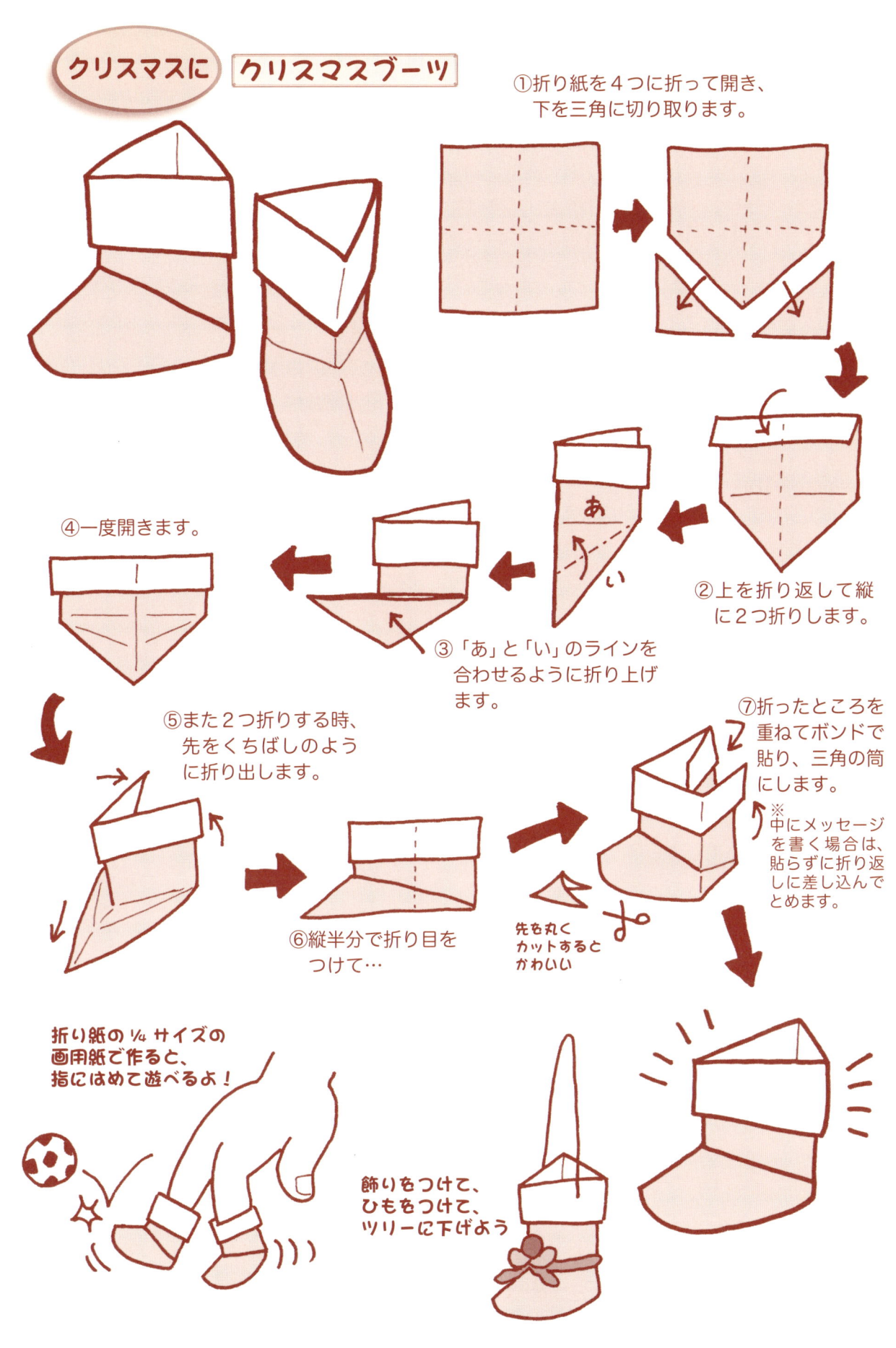

クリスマスに　クリスマスブーツ

①折り紙を4つに折って開き、下を三角に切り取ります。

②上を折り返して縦に2つ折りします。

③「あ」と「い」のラインを合わせるように折り上げます。

④一度開きます。

⑤また2つ折りする時、先をくちばしのように折り出します。

⑥縦半分で折り目をつけて…

先を丸くカットするとかわいい

⑦折ったところを重ねてボンドで貼り、三角の筒にします。

※中にメッセージを書く場合は、貼らずに折り返しに差し込んでとめます。

折り紙の1/4サイズの画用紙で作ると、指にはめて遊べるよ！

飾りをつけて、ひもをつけて、ツリーに下げよう

★写真は裏表紙

丸い紙で作る　お誕生日の和菓子カード

ここからは「和菓子」のコーナーです。12か月の季節ネタは、毎月のお誕生会に使えますよ。
B4サイズから、直径12cmの丸が6個とれます。これが基本のサイズ。丸の中にメッセージを書いたり、もっと大きく作ってペンダントのように首にかけてもいいですね。

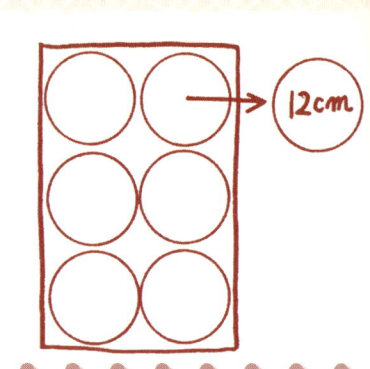

春を告げるうれしい和菓子

さくらもち　4月

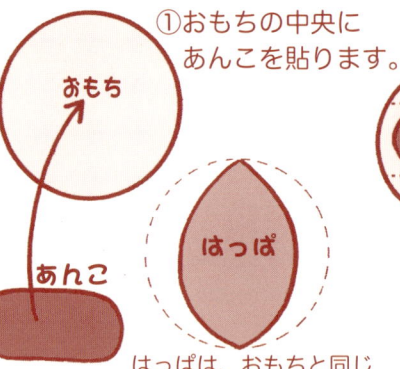

①おもちの中央にあんこを貼ります。

おもち／あんこ／はっぱ

はっぱは、おもちと同じ大きさの丸から作る。

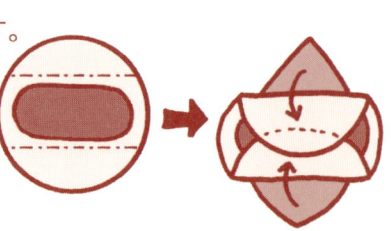

②おもちを3つに折り、はっぱを外からまくように貼りつけます。

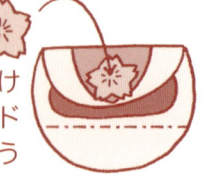

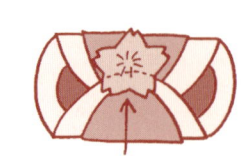

③桜の花の飾りは上の方だけボンドで貼り、下にカードのはしをはさみ込めるようにしましょう。

こいのぼりがアクセント

かしわもち　5月

おもち／はっぱ

はっぱは、おもちと同じ大きさの丸から作る。

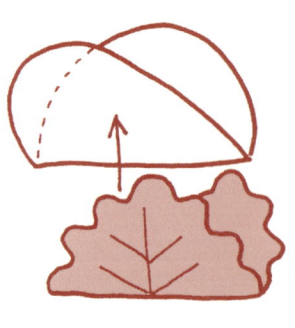

①それぞれを2つに折ります。

②飾りのこいのぼりをあいだにはさみ、はっぱを貼りつけます。

竹ヒゴ

首にかければかしわもちメダルに！
クリップにリボンを結ぶ（クリップリボン）

くるくるまわるよ

はっぱ
中心の少し下に穴をあける

はっぱより一回り小さな丸。
花の土台
中心に穴をあける

わりピン

あじさい
6月

① わりピンで2枚をとめてから、はっぱを2つに折ります。

② 色とりどりの花やかたつむりを作って、土台に貼りましょう。

夏の夜空にUFO出現！

顔

① 顔を2つに折り、裏側からたんざくを貼ります。ここにメッセージを書いてもいいですね。

七夕UFO
7月

クリップリボンの先に両面テープで星をとめましょう。

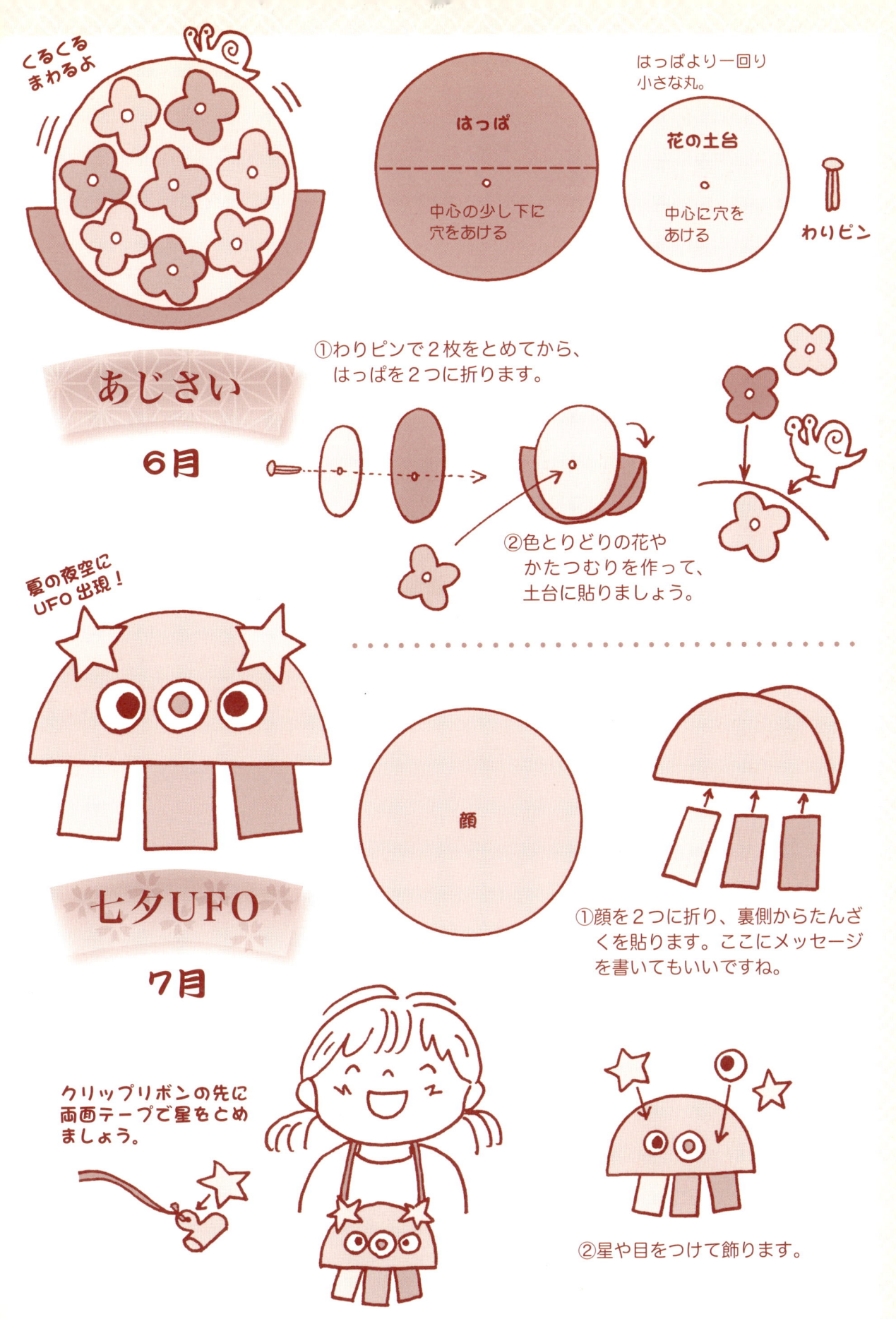

② 星や目をつけて飾ります。

夏の風物詩

すいか
8月

皮　芯　実

①少しずつ小さくした丸を重ねて貼ります。

顔　黒いシール　手

②2つ折りにして飾ります。

手を下にはみださないようにつけると、左右に揺らして遊べるよ！

うさぎがまわるよ！

月うさぎ
9月

上のはしに穴をあける。
山

山より一回り小さい丸。真ん中に穴をあける。
月

わりピン

①月にうさぎを貼りつけます。

クリップリボンをつけてペンダント

②わりピンでとめて、山を2つに折ります。

山　月

③山に飾りをつけましょう。

収穫の季節

パンプキン
10月

① 同じ大きさの丸で果物や野菜を作ります。
それぞれ両はしに穴をあけましょう。

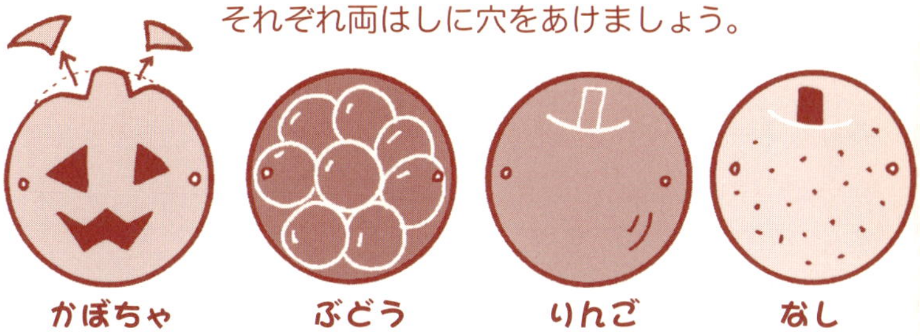

かぼちゃ　ぶどう　りんご　なし

② はしを重ねて糸か、わりピンでつなぎ、
リボンをつけます。

このカードは飾りの数が
多いほど楽しいので、
ネックレスにして
プレゼントしましょう♥

まとめると1つに
重なるので、
手品も楽しめます！

秋の味覚を召しあがれ

くりまんじゅう
11月

おまんじゅうの土台

おまんじゅうの上部

① 土台と同じ大きさの丸を、このように切り、土台に貼り重ねます。

クリップリボンにもみじをつけてペンダント

② 2つに折ってくりを貼ります。

真ん中に写真を入れてもいいね

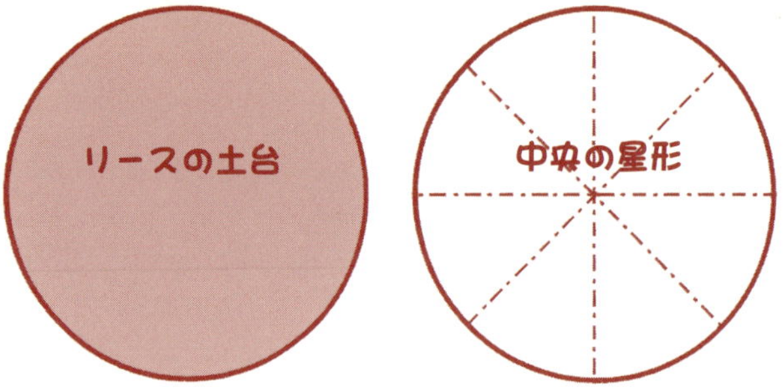

リースの土台

中央の星形

クリスマスリース

12月

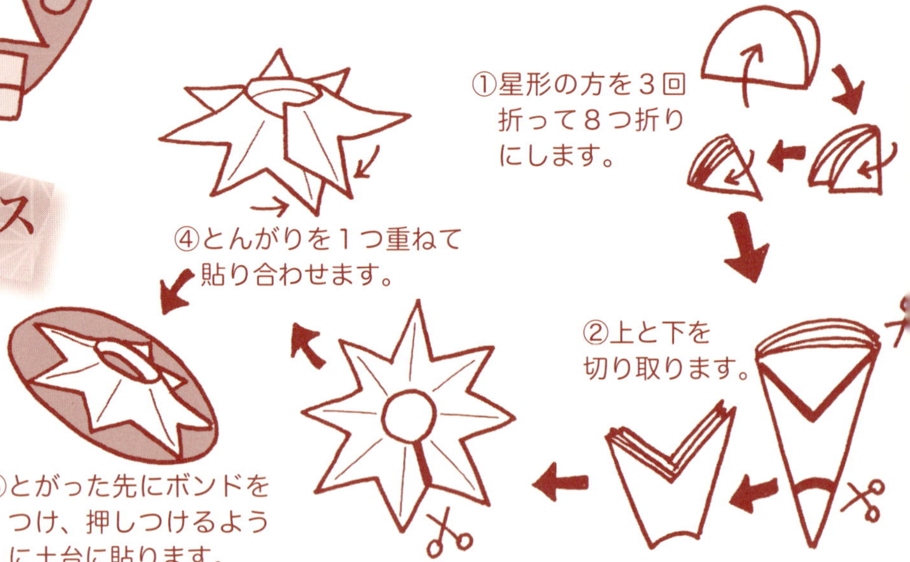

① 星形の方を3回折って8つ折りにします。

② 上と下を切り取ります。

③ 開いてここを切り…

④ とんがりを1つ重ねて貼り合わせます。

⑤ とがった先にボンドをつけ、押しつけるように土台に貼ります。

⑥ 星やステッキなど、飾りをつけましょう。

おめでたい飾りです

松　竹　梅

各3つ作る。

かどまつ

1月

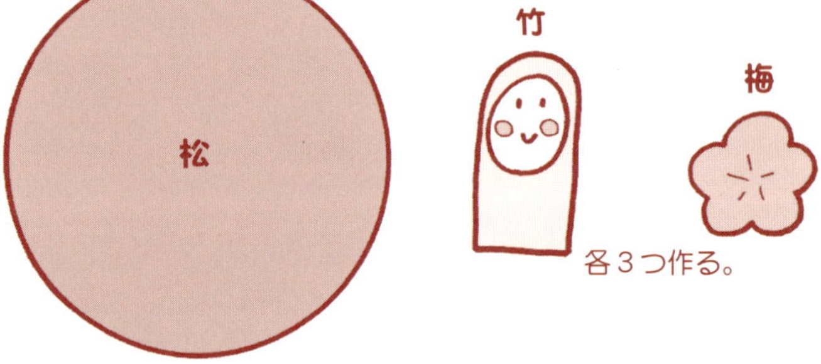

松を2つに折り、外側に梅を、内側に竹を貼ります。

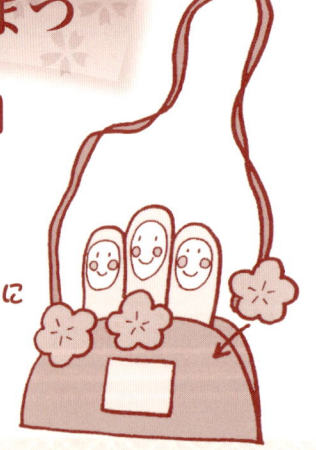

金箔を貼るとお正月らしい！

クリップリボンに梅をつけてペンダント

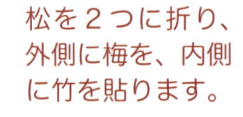

うさぎからの
メッセージ

ゆきうさぎ
2月

おぼん

うさぎ
おぼんより一回り
小さい丸

①2つに折った
うさぎに赤丸
シールで目を
つけます。

②うさぎをおぼんに
貼ります。

③はっぱ（耳）は中頃だけボンドで
つけて、下にうさぎの顔をはさ
み込めるようにします。

メッセージを
ポケットに

ハートびな
3月

クリップリボンで
ペンダント

子どもたちの
似顔絵カードを
入れてもいいね

着物　　着物

①同じサイズの丸
を2枚用意し、
2つ折りにしま
す。

②V字に貼り合わせて
ポケット状にします。

ピンク
白
黄緑

③ひし形に切った紙を
下から順に重ねて貼
ります。

④V字の形に合わせて
ひな人形を作り、差
し込みます。

★写真 p.4-5　作り方 p.26-27　　　★写真 p.20-21　作り方 p.42-43

まきまきリーフクレープ＆へんしん六角タルト 型紙

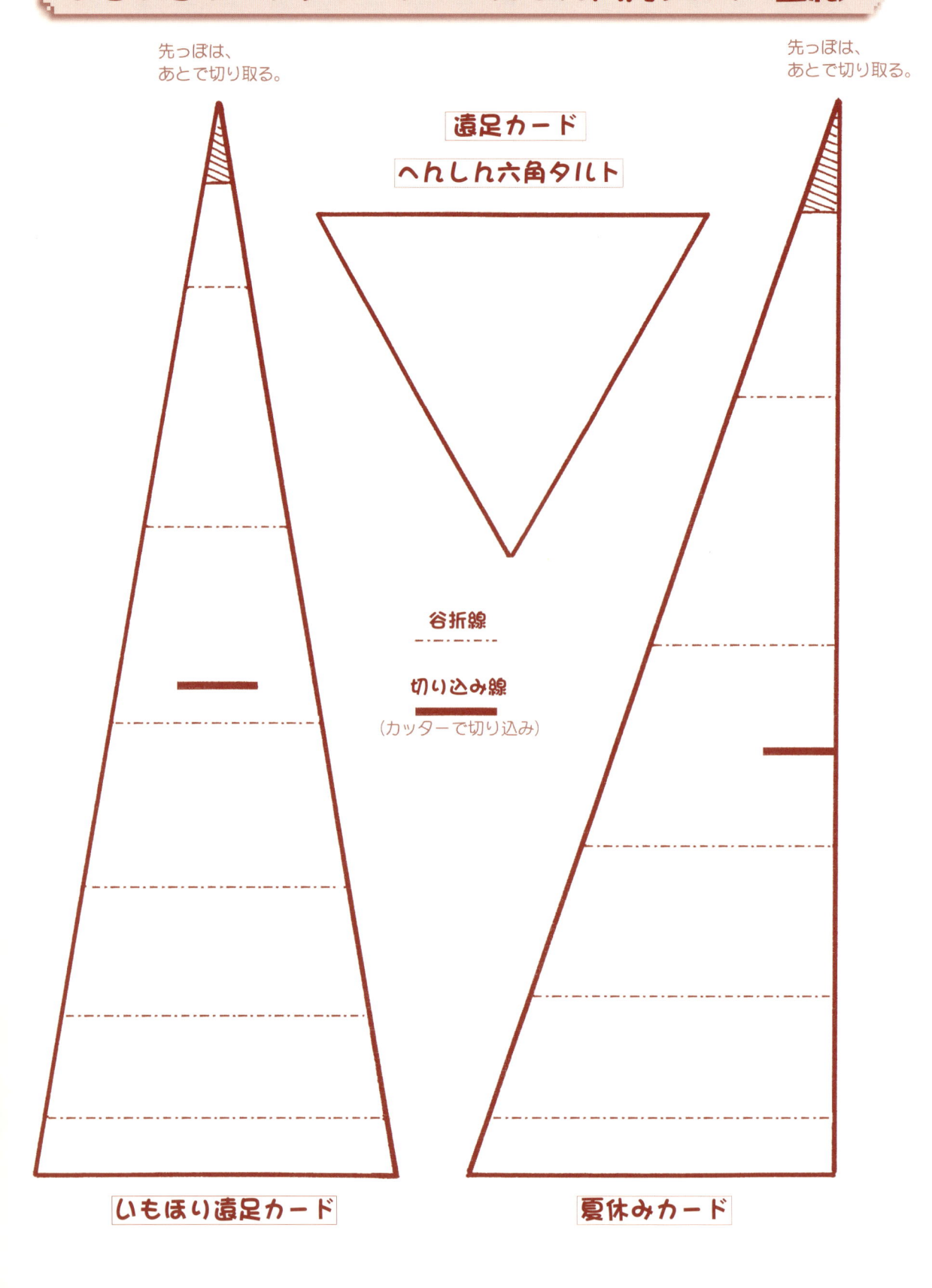

先っぽは、あとで切り取る。

先っぽは、あとで切り取る。

遠足カード

へんしん六角タルト

谷折線

切り込み線
(カッターで切り込み)

いもほり遠足カード

夏休みカード

のびのびクッキー 型紙

★写真 p.6・p.7
作り方 p.28・p.29

※絵の天地の幅の紙オビを用意してください。

運動会カード　7cm	どうぶつクッキー　5.5cm
七夕会カード　4.5cm	母の日カード　4.5cm
ジンジャーマンクッキー　5cm	ハートクッキー　4.5cm
入園式カード（体）　3.5cm	入園式カード（顔）

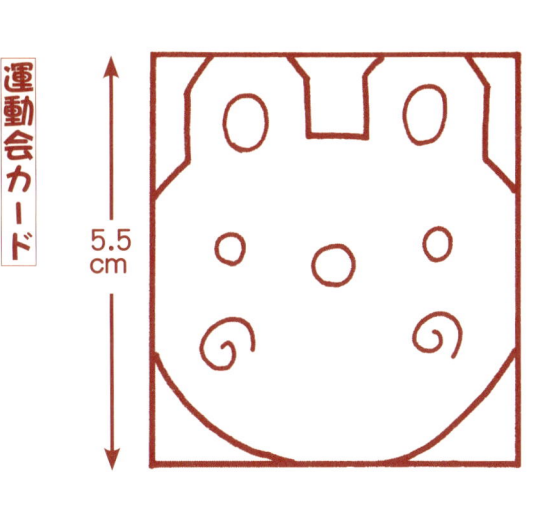

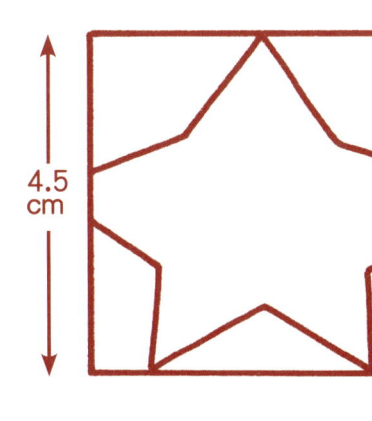

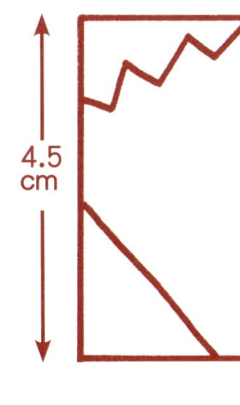

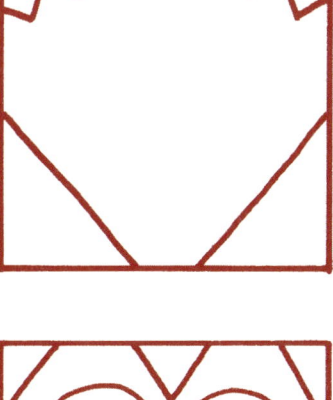

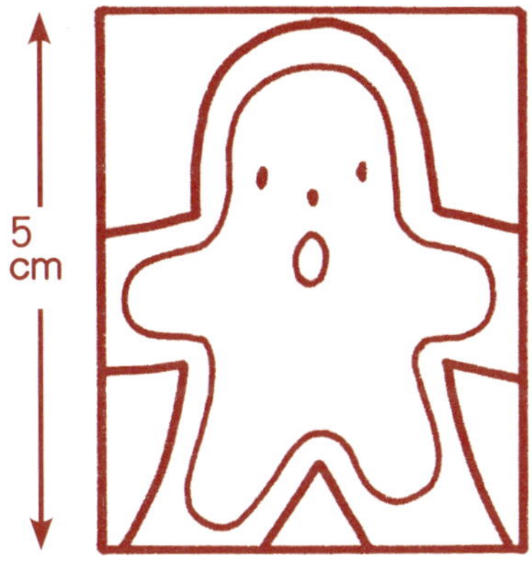

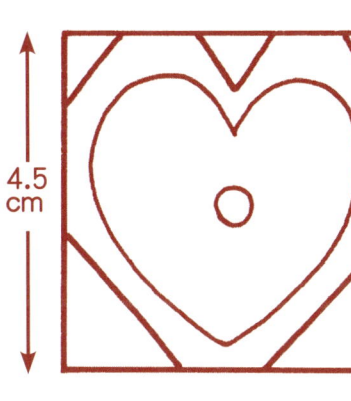

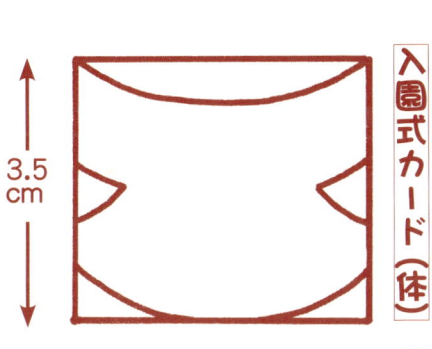

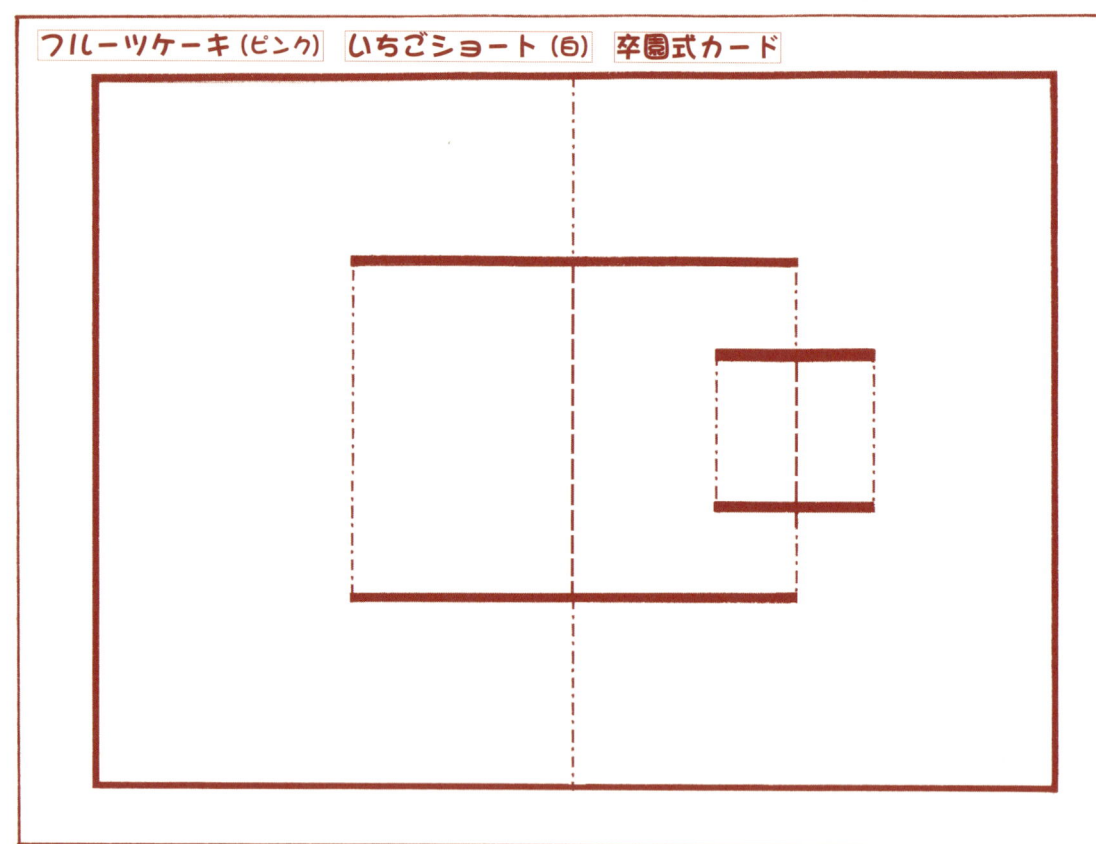

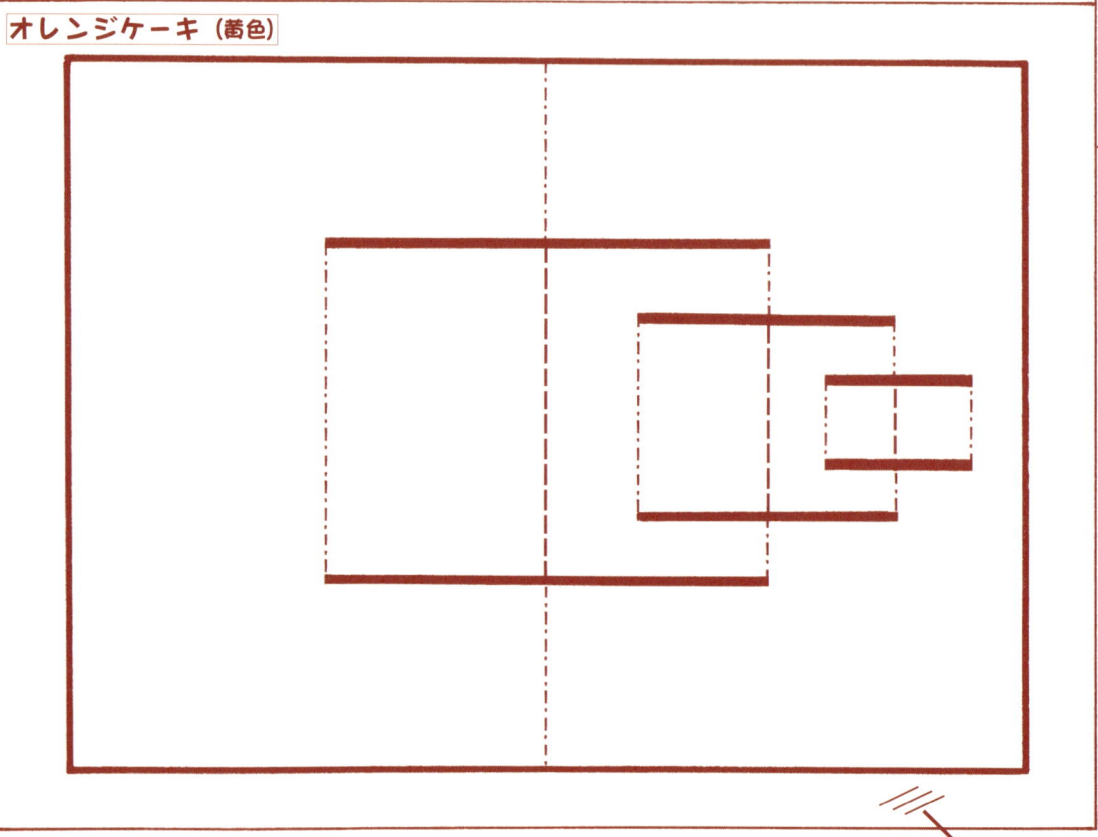

ひょっこりプチケーキ 型紙　★写真 p.12-13　作り方 p.34-35

フルーツケーキ（ピンク）　いちごショート（白）　卒園式カード

オレンジケーキ（黄色）

※はじめに一番外側のラインで切り取ってください。

- ——— 山折線
- ‐‐‐‐ 谷折線
- ━━━ 切り込み線
- 台紙に固定するためのスペース

お月見会カード

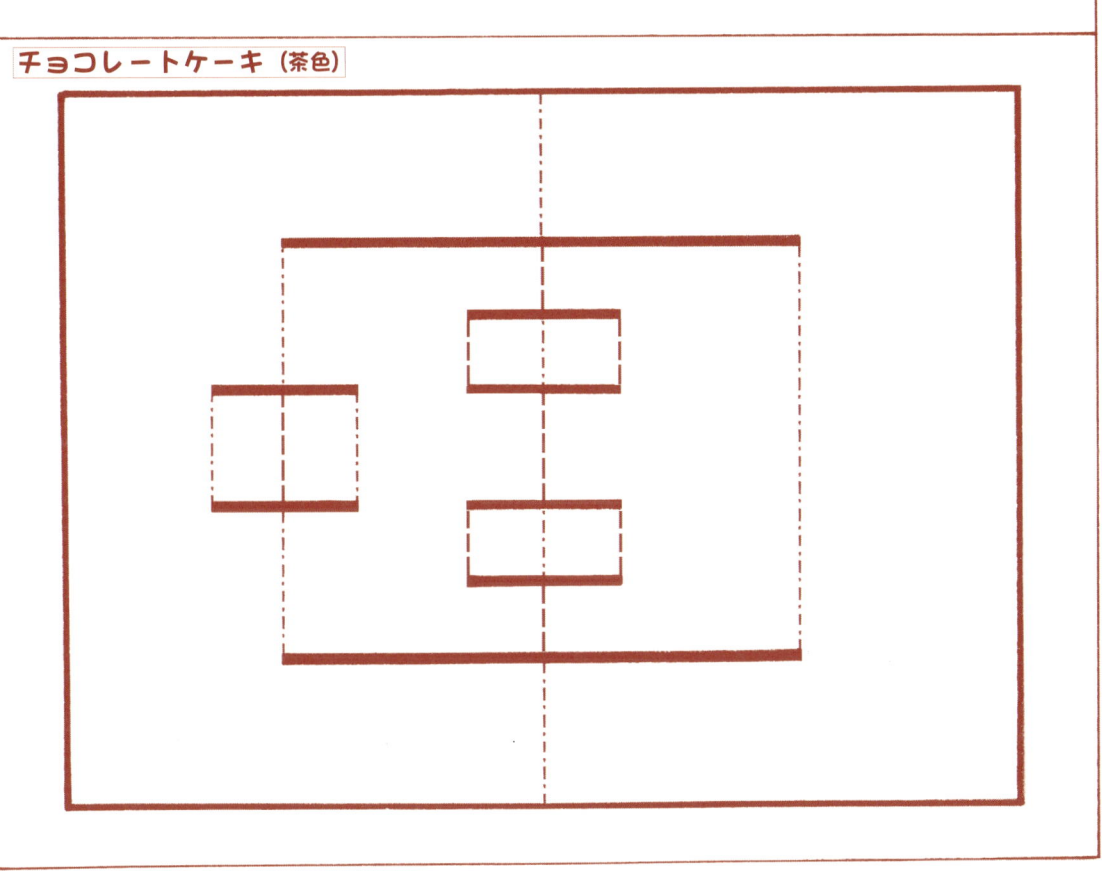

チョコレートケーキ（茶色）

※はじめに一番外側のラインで切り取ってください。

ひなまつりカード

※はじめに一番外側のラインで切り取ってください。

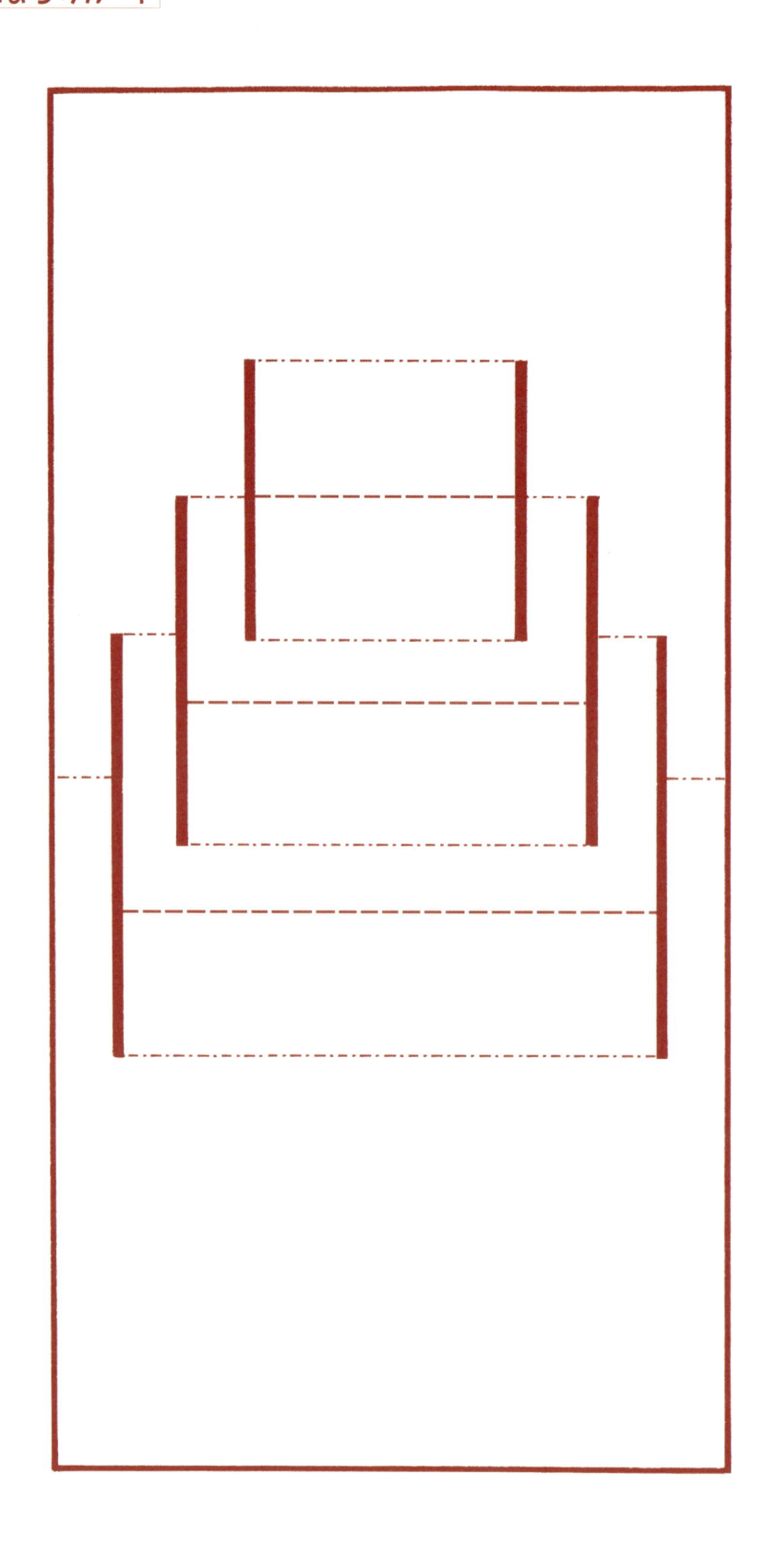

切り込み線

ジャンボデコレーション 型紙

★写真 p.16-17　作り方 p.38-39

ハートカード

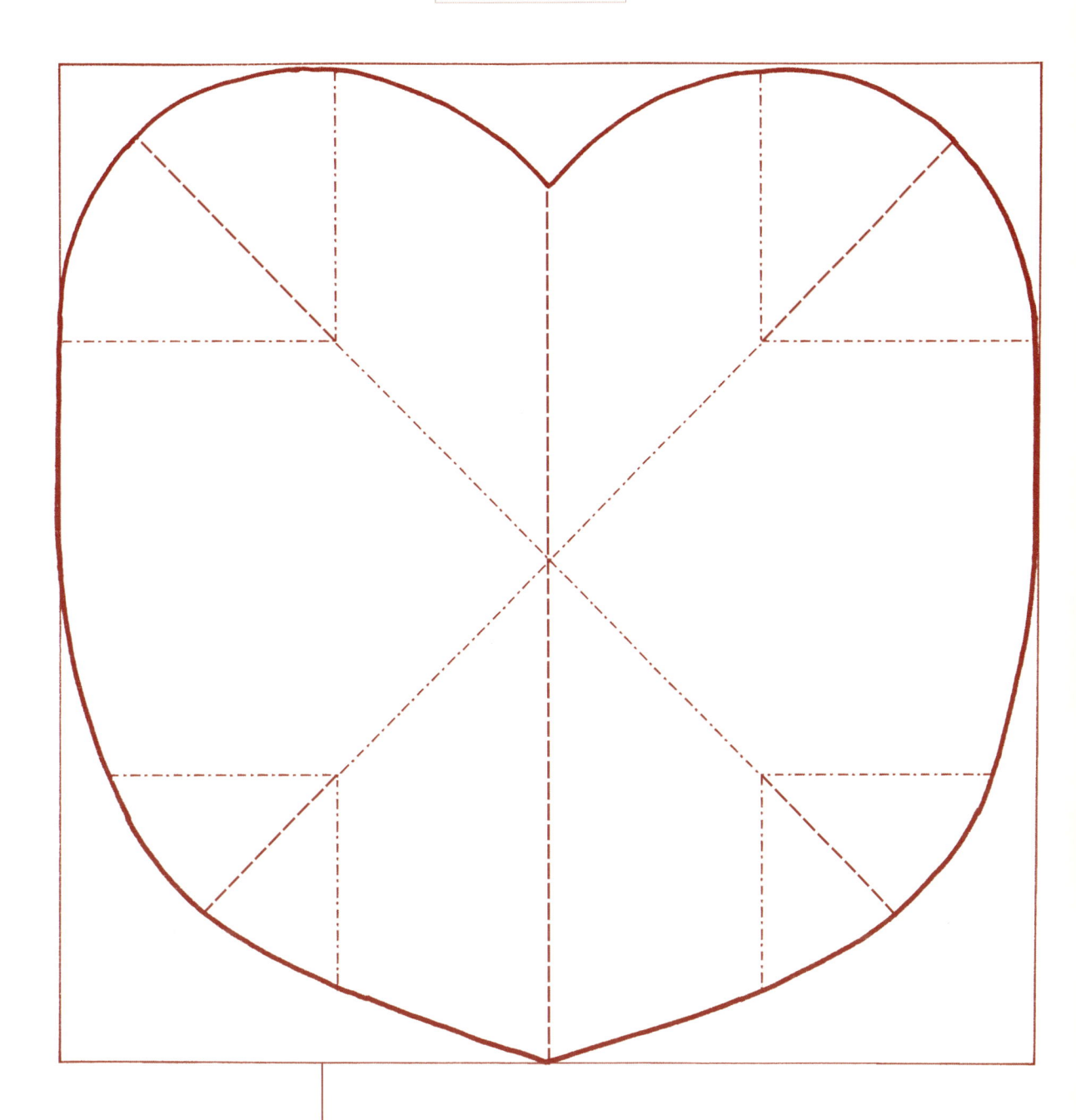

------- 山折線
-・-・-・- 谷折線

※はじめに一番外側のラインで切り取ってください。
※拡大して、できるだけ大きく作ってください。

行事別さくいん ※あいうえお順 ※（ ）内は作り方のページ

運動会
p. 7 （p.28-29）　p. 9 （p.30-31）
p.17 （p.38-39）　p.24 （p.48）

遠足
p. 5 （p.26-27）　p.13 （p.34-35）

お祝い各種　p.24 （p.46）

お楽しみ会
p.19 （p.40-41）　p.21 （p.42-43）
p.23 （p.45）

お月見会　p.13 （p.34-35）

お泊まり保育　p.11 （p.32-33）

皆勤賞　p.17 （p.38-39）　p.24 （p.48）

クリスマス
p. 9 （p.30-31）　p.24 （p.49）

敬老の日
p.15 （p.36-37）　p.17 （p.38-39）
p.24 （p.48）

サッカー大会　p.11 （p.32-33）

参観日　p.15 （p.36-37）

卒園式　p.13 （p.34-35）

七夕会　p. 7 （p.28-29）

誕生会
p.19 （p.40-41）　p.21 （p.42-43）
p.23 （p.45）　裏表紙 （p.50-55）

父の日
p.15 （p.36-37）　p.17 （p.38-39）
p.24 （p.47）

夏休み　p. 5 （p.26-27）

入園式
p. 7 （p.28-29）　p. 9 （p.30-31）

発表会　p.17 （p.38-39）

花まつり　p. 9 （p.30-31）

母の日
p. 7 （p28-29）　p.11 （p.32-33）
p.15 （p.36-37）　p.17 （p.38-39）
p.24 （p.47）

バレンタインデー
p.15 （p.36-37）　p.17 （p.38-39）

ひなまつり　p.13 （p.34-35）

プール開き　p.17 （p.38-39）

豆まき会　p.15 （p.36-37）

もちつき大会　p.11 （p.32-33）

あとがき〜 お菓子なカードは「おいしい」カード

「紙」っていくつ知っていますか？

折り紙、千代紙、画用紙、ボール紙、模造紙……そのぐらいしか思い浮かばないあなた、今度はぜひ「文房具屋さん」ではなく、「画材屋さん」に行ってみてください。

画材屋さんには、さまざまな色、模様、風合いの変わった紙、お菓子の箱や本の表紙で見たことがある、そんなすてきな紙がたくさんあります。それらで作品を作ってみると、今まで普通の色画用紙で作っていた作品がグレードアップ！　おしゃれでアートしていて「まるでプロが作ったみたい！」と、あなたはきっと驚くはずです。

私がよく使うのはザラザラとした人魚のうろこの風合いの紙「マーメイド」、皮（レザー）のような風合いの「レザック」、どちらも色数がたくさんあります。つるっとしてコシのあるのは「カラーケント」、つやのある紙は「LKカラー」、水玉や花びらを散らしたような模様のあるのは「玉しき」、でこぼこの「岩はだ」、大理石模様は「ローマストーン」、チェックの編み目模様は「おりひめ」、キラキラ光るパールの粉を星空のように散らした紙は「ミルキーウェイ」……紙の名前はとても詩的です。

そして色選びに迷った時は、とにかく「おいしそうな色」を探してみましょう。ポストの赤でなくチェリーパイの赤、はっぱの緑でなく抹茶ムースやミントアイスの緑、土の茶色ではなくココアやチョコレートの茶色を選ぶのです。

「おいしそう」って「快感」です。だからお菓子作りと同じ感覚で色を組み合わせて作っていけば、カードはとても心地よいものになるのです。

さあ、こんな秘伝を知ったあなたは、もう今日からカードパティシエの仲間入りです！

黒須和清

Profile

黒須和清

1955年東京生まれ。ペーパークラフト、からくりおもちゃ、カードやゲームの製作などで幅広く活躍。人形劇団「まねっこ」を主宰。身の回りのものを使った人形劇を全国の研修会・講習会などで上演している。テレビ東京系「テレビチャンピオン・紙工作王選手権」で準優勝の経歴を持つ。
洗足こども短期大学専任教授・聖心女子専門学校非常勤講師。

■主な著書
『ひと味ちがうおもちゃのレシピ』鈴木出版
『壁面テーマパーク12か月』鈴木出版
『かんたん人形劇』鈴木出版
『たのしいおもちゃ屋さん』鈴木出版
『たのしいモノモノショー』全国社会福祉協議会
『妖怪きりがみ』東京書店株式会社

◆ http://www.ueda-g.co.jp/k-jube/

※ p.18の絵本
『どのきのしたにあつまるの』にしむらひろみ／作 どいかや／絵 鈴木出版

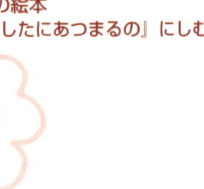

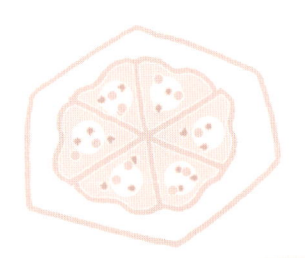

イラストレーター
かりやぞののり子

和歌山県在住。
子どもや動物をモチーフにした
明るくやさしい色づかいの作品が人気。

■主な挿絵作品
『ひと味ちがうおもちゃのレシピ』鈴木出版
『壁面テーマパーク12か月』鈴木出版
『かんたん人形劇』鈴木出版
『たのしいおもちゃ屋さん』鈴木出版
『Say No!』岩崎書店

カバーデザイン　森近恵子
（アルファデザイン）
撮影　島田　聡
カバー・本文イラスト　かりやぞののり子
イラスト（作り方）　黒須和清
編集・デザイン　山縣敦子

鈴木出版ホームページ
◆ http://www.suzuki-syuppan.co.jp/

お菓子なカードを作りましょう！

2007年 3月20日　初版第1刷発行
2012年 3月 6日　初版第5刷発行

著　者　黒須和清
発行人　鈴木雄善
発行所　鈴木出版株式会社
　　　　東京都文京区本駒込6-4-21 〒113-0021
　　　　TEL.03-3945-6611　FAX.03-3945-6616
　　　　振替 00110-0-34090
印刷所　図書印刷株式会社

ⓒ K.Kurosu, Printed in Japan 2007　ISBN978-4-7902-7194-9　C2037
乱丁、落丁本は送料小社負担でお取り替え致します（定価はカバーに表示してあります）
本書を無断で複写（コピー）、転載することは、著作権法上認められている場合を除き、禁じられています。